好爸爸
这样陪孩子

培养孩子自主学习的能力

潜龙————著

清华大学出版社
北京

内 容 简 介

本书从家长的角度出发,以一个全新的视角来诠释到底该怎么教育孩子。从小学、初中到高中全学段覆盖,基本上涵盖了家长在孩子教育过程中碰到的各种问题,以及该如何去分析和解决问题,让家长更加清晰地知道自己该如何去教育好孩子,从而摆脱焦虑,告别迷惘,科学有效地教育孩子。

本书分为三部分,共十一章。第一部分为学前和小学篇,讲述了学前和小学的学习内容、学习习惯、学习方法和孩子的教育等内容;第二部分为初中和高中篇,讲述了初中和高中的学习内容、学习习惯、学习方法和孩子的教育等内容;第三部分为综合篇,主要谈论一些似乎与学习无关,但孩子成长不可回避的问题。

本书能解决实际问题,适合初次接触孩子教育的家长、在教育中没找到合适方法的家长以及特别想教出优秀孩子的家长,也适合老师。

本书封面贴有清华大学出版社防伪标签,无标签者不得销售。

版权所有,侵权必究。举报:010-62782989,beiqinquan@tup.tsinghua.edu.cn。

图书在版编目(CIP)数据

好爸爸这样陪孩子:培养孩子自主学习的能力/潜龙著.—北京:清华大学出版社,2022.4(2023.8 重印)
ISBN 978-7-302-59803-9

Ⅰ.①好… Ⅱ.①潜… Ⅲ.①学习能力-能力培养-家庭教育 Ⅳ.① G442 ② G78

中国版本图书馆 CIP 数据核字 (2022) 第 001001 号

责任编辑:张立红
装帧设计:方加青
责任校对:赵伟玉
责任印制:刘海龙

出版发行:清华大学出版社
    网　　址: http://www.tup.com.cn, http://www.wqbook.com
    地　　址: 北京清华大学学研大厦 A 座　　**邮　　编:** 100084
    社 总 机: 010-83470000　　**邮　　购:** 010-62786544
    投稿与读者服务: 010-62776969,c-service@tup.tsinghua.edu.cn
    质 量 反 馈: 010-62772015,zhiliang@tup.tsinghua.edu.cn
印 装 者: 三河市东方印刷有限公司
经　　销: 全国新华书店
开　　本: 148mm×210mm　　**印　　张:** 8　　**字　　数:** 180 千字
版　　次: 2022 年 6 月第 1 版　　**印　　次:** 2023 年 8 月第 3 次印刷
定　　价: 69.00 元

产品编号:045721-01

前　言

本书并不涉及具体的知识层面的方法介绍，主要是通过对每个学习阶段的表面现象进行剖析，找出其中的底层逻辑关系，帮助孩子从一个个具体知识的学习上解脱出来，找出孩子需要掌握的技能，用科学的方法教育孩子，这样不仅能让孩子轻松地掌握知识，还能有效地缓解家长的焦虑情绪，更能改善亲子关系，让整个家庭关系变得和谐。

本书内容是我在自己的孩子从小学、初中到高中，很长一段时间里逐渐摸索总结出来的，不仅对我自己的孩子有很大的帮助，也让很多家长获得了较大的收益，实实在在地感受到科学的教育方法给孩子的学习成绩带来的有效提升。

书里没有什么高深的理论，而是用通俗易懂的语言解释和描述各种教育方法和原理，让大家都能理解这些方法背后的逻辑。其中有很多方法或理论颠覆了大家对常见教育方式的认知，羊群效应或从众心理的影响导致"真理总是掌握在少数人手里"。本书用大量的篇幅讲述了学习兴趣、学习习惯和学习方法之间的关系，以及在不同的年龄阶段各自的侧重点。厘清了它们之间的关系之后，就能帮助孩子掌握如何学习的逻辑，孩子就不会盲目地被各种具体知识的学习拖着走，就会知道该如何主动学习。

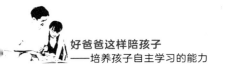

本书内容

本书共分为三部分：学前和小学篇、初中和高中篇、综合篇。

学前和小学篇分为四章。第一章是关于学前和小学的学习内容，这一章并没有专门讲述课内需要掌握的知识，而是从一个更高的角度来讲述在学前和整个小学阶段需要真正掌握的内容。篇幅虽然不大，但涵盖了整个小学阶段需要掌握的知识。搞清楚了这些内容，家长就不会再焦虑。第二章主要阐述关于小学的学习习惯，内容不多，却非常重要，后面初、高中的学习成绩好不好，受小学的学习习惯的影响非常大，家长要重视。第三章是关于小学各科的学习方法的介绍，这里的学习方法并不涉及具体的知识的学习方法，而是针对整个学科的学习方法。视角虽然比较大，但涵盖的内容也足够多。第四章是关于小学孩子的教育话题的探讨，内容比较杂，但是能帮家长从各方面了解小学期间需要注意的事项，让家长想清楚很多事情，有效减少各种焦虑情绪。

初中和高中篇同样也分为四章。这部分是本书的重点，不仅初中生家长要重视，小学生家长最好也提前了解一下，这为将来如何规划孩子初、高中的学习提供了很好的参考。第五章是与初中和高中有关的学习内容。和第一章类似，立足于课本知识，却又不限于课本知识，从多角度来讲述初、高中的学习中需要注意的地方，这部分建议孩子多看看。第六章是关于初中的学习习惯的培养问题，内容较多，因为我认为初中应更加重视学习习惯对于成绩的影响。第七章是关于初中学习方法的介绍，这部分主要是依托于上一章的学习习惯打底来做的一个配合，在初中，学习习惯更重要。第八章是关于初中和高中孩子的教育问题，因为中考涉及分流，所以在这一章用比较大的篇幅来讨论相关的话题，只有家长自己想通了，孩子才会有一个通透的未来。

综合篇分为三章。第九章是关于孩子要了解的内容，从孩子的角度分析一些相对具体的知识内容，帮助孩子厘清在学习中容易产生冲突的各种关系，让孩子的学习更有效率，更有针对性，避免盲目学习。第十章是关于家长要了解的内容，从家长的角度学习如何教育孩子，了解孩子在各个年龄段的生理和心理的发育特点，有针对性地进行相应的教育和引导，帮助孩子培养自主学习的能力，尽量避免出现原则性的错误，降低学习的沉没成本，让孩子顺利成长。第十一章是杂谈，这部分主要与家长讨论一些和学习关系不那么大但又在孩子的成长过程中避免不了的话题，以期对家长有所帮助和启发。

关于作者

本书的作者夏力炜，笔名潜龙，毕业于北京理工大学。从孩子上学开始，他不断地学习一些教育知识，加上自己的思考和总结，形成了一套科学有效的教育孩子的理论，并且在孩子身上得到了初步有效的验证。

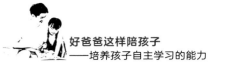

读者对象

本书理论结合实际,语言通俗易懂,非常适合:

- 没有教育孩子经验的家长;
- 还没有找到合适的教育方法的家长;
- 希望孩子成绩优秀、健康成长的家长;
- 愿意花时间和精力教育孩子的家长;
- 各个年龄段的带班老师;
- 对孩子教育事业感兴趣的其他人。

目 录

第一部分　学前和小学篇

第一章　关于学前和小学的学习内容　/　2

第一节　3～6岁孩子应该学什么　/　2
第二节　学前和小学低年级应该掌握的内容　/　4
第三节　如何在小学三年级前使识字量达到3000个字　/　5
第四节　哪些课程可以提前学、抢跑　/　8
第五节　小学到底该如何阅读　/　10
第六节　语文该如何精读　/　11

第二章　关于小学的学习习惯　/　13

第一节　小学生趁寒假养成良好的学习习惯　/　13
第二节　立规矩，重习惯　/　14
第三节　时间管理　/　15

第三章　关于小学各科的学习方法　/　18

第一节　如何陪伴孩子学习　/　18

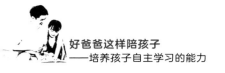

第二节　小学低年级期间，要以激发学习兴趣为主　/　20

第三节　小学期间给孩子培养一门优势科目　/　21

第四章　关于小学孩子教育的话题　/　23

第一节　分流在中考，起点在小学　/　23

第二节　家长要搞清楚教育孩子的目的　/　24

第三节　如何避免鸡飞狗跳　/　26

第四节　小学期间真的有必要追求满分吗　/　28

第五节　小学期间如何列具有实操性的育儿计划　/　31

第六节　小学到底应该放养还是陪着学习　/　32

第七节　家长对孩子的影响　/　33

第八节　爱之深，谋之远　/　34

第九节　关于挫折教育　/　35

第十节　没提前学的到底该不该焦虑　/　37

第十一节　如何正确对待老师的忽视　/　38

第二部分　初中和高中篇　/　41

第五章　初中和高中有关的学习内容　/　42

第一节　七年级开始，学习模式变了　/　42

第二节　八年级的几何问题　/　43

第三节　关于初中几何学习的几点建议　/　45

第四节　初中数学究竟学了什么　/　48

第五节　初中数学和高中数学的关系　/ 50

第六节　如何刷中考压轴题　/ 51

第七节　数学中考压轴题　/ 54

第八节　为什么很多人觉得初中的物理很难　/ 58

第九节　提前学高中语法　/ 59

第十节　初中史、地等这类小科该怎么学　/ 60

第十一节　初中生期末复习的科目顺序　/ 63

第十二节　高一该如何来学习数、理、化这类理科科目　/ 64

第十三节　高一下的数学和物理　/ 66

第十四节　不同层次的孩子如何做数学题　/ 67

第十五节　小学英语词汇过6000个，高考就高枕无忧了吗　/ 69

第十六节　如何使用二级结论　/ 72

第十七节　要按照考试标准做往届真题　/ 74

第六章　关于初中的学习习惯　/ 76

第一节　小升初暑假到底该怎么学　/ 76

第二节　课堂笔记该如何记　/ 78

第三节　如果孩子在七、八年级就开始列计划　/ 79

第四节　期中考试复习计划　/ 81

第五节　期末复习该如何下手　/ 83

第六节　期末复习期间不要做的事　/ 84

第七节　从中考角度来确定学习习惯和学习方法的顺序　/ 86

第八节　七年级寒假如何安排　/ 88

第九节　八年级寒假如何安排　/ 91

第十节　八升九的暑假非常重要　/ 93

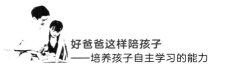

第十一节　九年级的寒假也很重要　/　94

第十二节　初中生该如何突破自己的"瓶颈"　/　94

第十三节　初中生该如何突破自己的"瓶颈"（续）　/　97

第七章　关于初中的学习方法　/　100

第一节　初中的学习方法　/　100

第二节　孩子偏科该怎么办　/　103

第三节　七年级写作业慢是怎么回事　/　105

第四节　初中基础题和难题该如何取舍　/　107

第五节　错题本该如何使用　/　108

第六节　如何向学霸学习　/　110

第八章　关于初中和高中孩子的教育　/　113

第一节　小学数学学得好，为啥初中就不行了　/　113

第二节　学习就是一个"悟"的过程　/　114

第三节　初中生的家长该如何来陪孩子学习　/　117

第四节　如何克服初中的畏难情绪　/　118

第五节　如何判断孩子真的学懂了　/　122

第六节　初中学习时间变长，睡眠时间变短　/　123

第七节　关于鸡头和凤尾　/　126

第八节　普娃也能做学霸　/　128

第九节　初中有两条路可实现进入高中甚至是重点高中　/　130

第十节　初中的孩子为什么不听话　/　132

第十一节　如何与青春期的孩子相处（一）　/　134

第十二节　如何与青春期的孩子相处（二）／ 135
第十三节　心理健康和学习成绩同样重要 ／ 136

第三部分　综合篇

第九章　关于孩子要了解的内容 ／ 140

第一节　小学、初中、高中的学习侧重点 ／ 140
第二节　低年级学霸到了初中、高中也会分化 ／ 142
第三节　关于学习的兴趣、习惯、方法之间的关系 ／ 145
第四节　初中、高中的语文到底该怎么学 ／ 148
第五节　如何讲数学题 ／ 149
第六节　如何利用教辅和课外阅读材料 ／ 152
第七节　平时考试不要太在意 ／ 154
第八节　如何正确面对错误 ／ 155
第九节　晚上学习效率低该怎么办 ／ 156
第十节　孩子在初中、高中的教育中要注意的三点 ／ 158
第十一节　学习的"术"与"道" ／ 160
第十二节　关于死记硬背和理解记忆的话题 ／ 162
第十三节　知道和做到，学过和学会 ／ 164
第十四节　教育孩子是场马拉松（一）／ 166
第十五节　教育孩子是场马拉松（二）／ 169
第十六节　教育孩子是场马拉松（三）／ 171
第十七节　教育孩子是场马拉松（四）／ 174

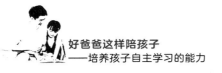

第十章　关于家长要了解的内容　/　176

第一节　家长这个职业　/　176

第二节　当家长是门技术活　/　178

第三节　如何做一个合格的家长　/　180

第四节　关于认知有四种状态　/　182

第五节　人的眼界决定了他看事情的高度　/　185

第六节　各年龄段大脑的发育情况　/　187

第七节　在孩子的各年龄段，家长该扮演什么角色　/　190

第八节　论真假学霸　/　192

第九节　学霸为什么凤毛麟角　/　195

第十节　学习习惯也是分等级的　/　196

第十一节　如何让孩子自主学习　/　199

第十二节　当不了老板娘就要当老板的娘　/　202

第十三节　减负　/　204

第十四节　内卷　/　205

第十五节　功利心　/　207

第十六节　到底该如何教育孩子　/　209

第十七节　不要被表面现象蒙蔽了双眼　/　212

第十八节　如何把普娃变牛娃　/　213

第十九节　如何避免无效阅读　/　214

第二十节　认知差异造成的学习差异　/　217

第二十一节　考试难度不是区分度　/　219

第二十二节　不要向同班学霸家长请教孩子教育问题　/　221

第十一章　无法回避的问题　/　223

第一节　家长在孩子的成长过程中该处于一种什么样的角色　/　223

第二节　人无远虑，必有近忧　/　226

第三节　人对未来的焦虑有两种　/　228

第四节　如何从根本上消除焦虑　/　231

第五节　原生家庭对孩子的影响（一）　/　233

第六节　原生家庭对孩子的影响（二）　/　236

第七节　对抗情绪对学习的影响　/　237

第八节　谈一谈关于孩子们的心理方面的话题　/　239

第一部分 学前和小学篇

第一章
关于学前和小学的学习内容

第一节　3~6岁孩子应该学什么

3~6岁孩子的家长要注意了,这个阶段的孩子在学习方面的主要任务是看和玩。现在各种各样的绘本、读本很多,各大平台推荐得也不少。老实说,大部分的绘本、读本还是不错的,也非常适合各个年龄段的孩子阅读。

阅读内容多种多样,具体挑选什么内容其实不太重要,重要的是以下几点。

第一,3~4岁的孩子的主要任务应该是玩玩具。玩玩具既能促进手指与大脑之间的联动,又能促进大脑发育,还有助于提升智力。这个阶段不要急着给孩子定学习任务,先让孩子好好玩,也就是先让大脑好好发育。

一个好用的大脑,学起东西来会很快,所以家长看到别人家的孩子都开始看绘本了,自己的孩子还在那儿傻玩时,不要焦虑。其实这也是"慢就是快"的道理。虽然孩子当前不必看绘本，但是家长每天都要给孩子读故事，让孩子通过每日的积累丰富自己的知识，这是有必要的。

第二，5~6岁的孩子除了每天玩玩具外，就要开始看绘本了。给孩子看绘本要有选择，完全没字的绘本是不推荐的。刚开始家长宜选择那些字数少、字大的绘本，带着孩子一起讲故事，遇到字后，就要反复让孩子跟读，并且让孩子记住这个字长什么样，是什么含义。一本绘本读完后应该达到这样的效果：孩子能够根据画面将故事完整地讲述出来，绘本里面的字单独写出来能够辨认，并且能解释字面的意思。

5~6岁的孩子的记忆力特别好，所以家长可以平均每天让孩子记住5~10个字，一个星期里反复记忆。但不要让孩子硬记，而是要通过各种故事让孩子记住。

第三，不要太早让孩子拿笔写字。这点真的非常重要，这不是理论，而是亲身经历和经验之谈。建议孩子最早在学前班时才开始拿笔写字。如果让孩子在上小学前才开始学写字会更好，因为这时孩子的手部肌肉会更有力，拿笔会更轻松。在孩子一开始拿笔写字时家长就要纠正孩子的拿笔姿势，千万别心软。否则一旦孩子养成拿笔姿势不正确的坏习惯，家长再想纠正就变得千难万难，这对今后孩子练一手好字也会产生很大的阻碍。

第四，家长千万不要为了省事，长时间地让孩子看电视或手机，尤其是1~6岁的孩子。这个阶段的孩子需要的是和其他人的互动，尤其是和父母的互动，否则缺少互动容易让孩子只有输入，没有输出，时间长了，孩子容易形成自闭、内向、自卑等不良的性格，待孩子长大后家长花百倍的时间也未必能纠正过来。

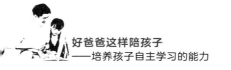

所以，要舍得花时间陪孩子，前期的小小投入，后面必有厚报（指的是亲子关系、孩子学习等）。

户外活动、游戏等不在以上的范围之内。

第二节　学前和小学低年级应该掌握的内容

上小学前，孩子应该完成的事情包括：常用汉字500～1000个，会认就行；20以内的加减法，会计算；简单的英语听、说、读、对话，不要求会写；能在没有帮助的情况下阅读大部分中文少儿读物，以童话、寓言故事为主；知道什么是好、什么是坏，有是非观念。

在这段时期，家长要让孩子知道什么是规则，无论做什么事都必须讲规则。不能越界，要有底线。如果孩子超出了底线，就必须受罚，无论家长多么爱孩子，这时都必须板起脸来告诉孩子底线在哪里。

在上小学前能做到上面几点，孩子就已经比较优秀了。

小学一年级到三年级，应该让孩子的识字量快速达到3000个字（只要求会认，不要求会写），为今后的无障碍阅读打下坚实的基础。应该让孩子阅读一些趣味性比较强的自然科学类、探险类的书。在这个阶段，孩子的阅读主要还是以泛读为主。孩子的注意力主要在于书的内容如何吸引人，而不会在乎书的修辞手法如何精妙。此时让孩子养成热爱阅读的好习惯，可以为日后主动学习做好铺垫。

小学四年级到六年级，孩子没有明确的学习目标，学习没有动力，学校的学习内容太简单，因此孩子容易将注意力转移到游戏、玄幻类漫画书上，并沉迷于此、难以自拔。家长应该让孩子多看一些少儿版的名人传记、中外简史之类的书，让孩子逐步树立自己的目标，并且愿意朝着这个目标努力。

🎓 第三节　如何在小学三年级前使识字量达到3000个字

在小学期间，学习方法是排在学习兴趣和学习习惯之后的。那是不是就不需要学习方法了呢？

不是的，学习方法在任何学习过程中都是需要的。在小学低年级阶段，以语文为例，为了提高孩子的阅读兴趣，改变孩子听家长读故事的习惯，就需要孩子尽可能多地认识汉字。建议尽量能让孩子在上小学三年级时，将汉语中常用的3000个汉字都认好（不要求全部会写），这样才能为语文精读打好基础。

为了达到这个目标，应该如何做呢？这里就涉及用什么样的学习方法了。

如果孩子按照记、背、抄写、组词、造句等步骤，一周大概能记熟10个汉字（一般不是每天记1~2个汉字，而是每天都记这10个汉字，重复一周），那需要整个小学六年的时间才能记住3000个的汉字。从认字的角度来说，时间拖得太长，所以这个方法不可取。但是从学汉字的角度来说，这种方法看似慢，但非常科学，循序渐进，让学生打牢基础，将来在小学高年级做汉字基础题时会很少丢分。

那如何才能快速地认识3000个汉字呢？我们假设孩子在上小学前没有任何的阅读基础，也不认识汉字。

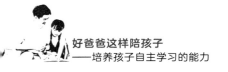

要想让孩子愿意阅读，那就一定要从孩子感兴趣的内容开始。家长可以带着孩子去书店或在网上挑几本孩子感兴趣的绘本，不要多，就几本，选择字少的、带拼音的，先和孩子一起边看边指着每个字读给孩子听，让孩子跟着念，然后将整个故事给孩子讲熟，熟到孩子能自己指着每个字读出来为止。与此同时，要将拼音完整地教给孩子，达到孩子自己看拼音就能把字读出来的程度。家长在教拼音时一定要教准确，包括声母、韵母、整体认读、音调等。

当孩子已经把几本绘本读熟后，并且每个字都认识，也知道字的含义，再让孩子通过"声母+韵母"的方式把每个字都读出来，而不是认出来。达到这个程度后，家长就可以给孩子挑几本带拼音的、字稍微多一点的绘本了。

为什么要选绘本呢？因为刚开始孩子是通过图画来认字的，看绘本中的插图是孩子提高记忆力的最好方式。

字多的绘本买回来后，家长先把内容给孩子读几遍，然后让孩子自己看，边看边试着用拼音把字读出来。家长要有耐心，比如，孩子在拼"不可以"这三个字时，当孩子已经读出声母"b"时，后面的韵母"u"不会，这时家长就要接上，把这个字读出来。千万不要去考验孩子的记忆力，让孩子想好几遍都想不出来，而是要激发孩子持续的学习兴趣，不要让孩子觉得学拼音、认汉字是件痛苦的事情。大部分的汉字多读几遍，再加上经常看到，孩子就会记住。

经过一段时间的训练，孩子的拼音用得比较熟练了，就可以让孩子独自看拼音读字了，家长要先把字的含义或整句读给孩子听，再让孩子自己试着把所有的字都读出来，顺便记住每个字长什么样子。在学校老师也教汉字，孩子会慢慢认识一些简单字，然后就可以逐渐自己认字读绘本了。大半个学期后，孩子就能很熟练地通过拼音读句子了，而且也能辨认出不少汉字。

这时就要开始将绘本换成带拼音且有插图的书了，内容还是以孩子感兴趣的为主，基本上孩子经过一年就能够熟练掌握1000个左右的字。实际上，这时候已经可以做到大部分的儿童读物无障碍阅读了，可以将带拼音的书换成不带拼音的书。如果书中出现孩子不认识的字时，家长可以先直接告诉孩子怎么读、什么意思，然后让孩子做标记，等当天完成阅读后，再让孩子把所有不认识的字抄写下来，查字典并记住。

在上二年级时，家长给孩子选读物就不要仅限于孩子之前感兴趣的书了，而是要拓宽视野，开始将一些集知识性、趣味性于一体的读物慢慢引入孩子的视野。但此时要注意的是，因为书的内容更有趣了，孩子有时为了快点看后面的内容，对于遇到的不认识的字，可能会采用跳过去不读的方式来阅读。

这段时间家长要监督孩子，孩子看哪页你也要先扫一遍，看见生字就要提醒孩子做标记，让孩子在没有失去阅读连贯性的前提下，尽可能把所有的生字都标记出来，在阅读任务完成后，要及时查字典记生字。这些生字可以不会写，但一定要会认，并且知道其含义，这是最低要求。每周、每月记的生字要反复检查，以便加深印象。

经过二年级这一年的训练，平均每周认字40个，基本上孩子的识字量就可以达到3000个字了。

注意，这里说的是认识3000个字，不是会写3000个字。认字是无障碍阅读的前提，会写是学汉字的基础，要求不一样。所

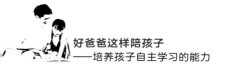

以，如果采用科学的方法，孩子就可以在两年内掌握3000个字。

第四节　哪些课程可以提前学、抢跑

家长想要孩子提前学、抢跑，这种心情是可以理解的，也可以实际操作。但不是什么课程都可以提前学，尤其是数学，我非常反对提前学比较难的内容。如果孩子是在没有理解的情况下靠死记硬背学会的，那对孩子的大脑思维训练没有任何帮助，也不会让孩子变得比其他人更聪明，最多也就是比其他孩子提前一两年知道这些知识而已，没有什么真正的先发优势。

真正可以提前学、抢跑的仅限于以下几方面内容。

第一，英语。提前学单词、口语、句子，在英语语境下熟悉语感，通过语感来掌握部分语法，通过各种感兴趣的方式大量记忆英语词汇，争取小学就能把词汇量提到4000~6000个。另外，大量阅读英语原文，以此来提高孩子的英语阅读理解能力和英语作文水平。此时如果孩子能达到这个水平，那才是真正的先发优势。

第二，语文的阅读与写作。通过阅读各类题材的优秀图书，从中汲取大量的精华，并且掌握大量的素材。然后通过精读，掌握阅读理解的精髓，并且通过学习知名作家的优秀文章，在潜移默化中掌握其中的写作技巧。这对初中甚至高中的写作都有极大的帮助，到时孩子只需要老师进行适当的点拨和一些技巧训练，就能轻松地写出优秀的作文。这种先发优势是别人无法在短时间内超越的，因为这是需要时间积累的。

第三，物理、化学、历史、地理、生物等几门初中才开始学的课程，以小学的科学课作为入门引导，再阅读科普类的读物进行预先了解。通过了解产生兴趣，通过兴趣进行更深入的了解。很多图书或杂志有配套的视频或3D动画演示，让孩子能直观地理解这些学科知识，这样就相当于提前学了一遍。等到初中学课内知识，相当于学第二遍，记忆更深刻，了解更深入，知识掌握得也就更加牢固。有些科目由于孩子特别感兴趣，还可以成为他的优势科目，不仅可以考试拿高分，还能极大地提高孩子的自信心，同时节省在这些科目上面投入的时间和精力，从而推动整个学习过程变得更加有条不紊。这种先发优势才是有意义的优势。

最后，专门来说一下数学。数学很特殊，它不仅是计算这么简单的事，而是关乎学习的各个方面，所以要特别重视。这里说重视可不是要提前学，反而是不建议提前学。

数学关系到大脑的逻辑思维能力，正确的刺激可以促进大脑的发育（在后面的文章中有专门的介绍），但是提前学习超过大脑理解能力的知识，不仅不能促进大脑的发育，反而会让孩子产生畏难情绪，导致对学习失去兴趣，得不偿失。不知道大家有没有注意过，那些在高中参加竞赛并获奖的孩子，大多数是从小学高年级才开始学习奥数，并且一步一步地走到数学竞赛的最高赛场，很少听说哪个获奖得主是从小学一年级就开始学奥数的。所以对于数学来说，前面的基础知识积累得够多后，再一步一步地拓展，随着理解力的增强，进步速度会很快。先静下心来打基础才是真正的优势。

所以搞清楚小学哪些科目适合提前学后，家长心里就有底了，就知道该如何教育孩子了。小学虽然时间充裕，但也不能浪费，否则家长和孩子付出了大量的时间和精力，却见不到效果，岂不是很糟心？

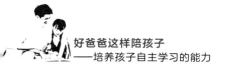

第五节　小学到底该如何阅读

关于小学的阅读，大家不要觉得买几套书就够了，而是要多层次、全方位地给孩子买书，甚至同一本书可以买不同的版本，让孩子看看它们有什么区别。

比如《西游记》，有少儿版的、白话版的、原版的，甚至还有漫画版的。每种版本都可以让孩子反复看，比较它们的区别，在比较中学会分析。还可以和家长进行讨论，在讨论中学会辨析，当然前提是家长也要看过，要不然无法讨论。

同一种类型的书要多买几套，除了内容多样外，不同的风格、不同的作者带来的阅读感受也不一样。阅读就是要大量地输入，如果阅读面太窄，是不利于阅读理解的。

如果阅读后不能对内容进行思考，那阅读理解的水平是不会有太大提高的。要想将别人的东西变成自己的，就得消化吸收，这就是精读的过程。

家长带孩子做精读很困难，所以要善于借助一些现成的书，家长可以带着孩子阅读有名家点评指导的专用阅读书，然后跟着书上的指引来思考，回答问题，从文章中理解作者的意图、当时的背景、作者想要表达的思想等。孩子经常思考，就能逐渐领会这类文章应该如何阅读、如何回答问题，从而提升阅读理解能力。

如果家长偷懒，觉得书上什么都写了，孩子自己看就可以了，那效果肯定大打折扣。这就好比学校上课的课本，开学就发给孩子了，为什么老师还要讲？为什么讲了那么多遍，还有那么多孩子搞不懂？课本上的字孩子不认识吗？课文读不懂吗？没错，孩子只能读懂表面意思，深层内涵要靠老师讲解。在家阅读也是一样，你不给孩子讲，孩子就会走马观花地看，过眼而不过脑子。不要以为孩子是天才，可以无师自通。

花钱买书是最低级别的投入，如果家长不给予科学的指导，那纯属"起个大早，赶个晚集"，比别人先睡醒，结果反而还不如别人。

第六节　语文该如何精读

大部分家长都知道，孩子要想语文成绩好，大量的阅读是必不可少的，但是家长也不要跑偏了，认为读的书越多越好。虽然简单来说确实是这样，但实际上，由于孩子每天的阅读时间有限，也不可能读完很多书，甚至连学校要求必读的书都不能读完。

其实在读书方面，一味地追求量是不可取的。这和在学校学习各科知识是一样的，孩子需要花时间来消化书里的内容，否则读再多的书，也没有什么实质性帮助。

书贵精而不贵多，对各个年龄段的孩子来说都适用。就拿小学低年级的孩子来说，一本孩子特别喜欢的拼音读物，他可能会十遍、二十遍地反复看，直到把书里的每一个字都熟记于心，任何一段都能复述出来，甚至把书翻烂。有的家长觉得，就这么一个简单的故事，每遍都像是看新书一样，至于吗？对于孩子来说可不一样，虽然他喜欢的是故事的情节或里面的人物，但书里的每一个字、每个拼音都有意无意地印入他的脑海，这种记忆是非常深刻的，效果甚至比上课还好。虽然短期在考试中显现不出

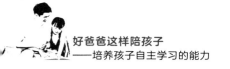

来,但长期坚持下去,积累的量是非常可观的。

话说回来,小学高年级和初中都要孩子精读课外书,很多家长觉得一两套十几本精读的书不够,至少要有几十本才算得上是大量的阅读。当然,从量上来说,多读点没什么不好。但如果为了大量阅读而走马观花地读,那就没什么意义了,效果也不会很好。因为人脑毕竟不是复印机,看过的书如果是一遍过,时间长了肯定会忘得一干二净,这种阅读基本上就是无效阅读,虽然读了一大堆书,但实际上没有消化吸收,很快就忘了。

所以,古人所云"书读百遍,其义自见"就是这个道理。精读的书选的都是优秀文章,本来就应该反复阅读才能逐渐体会作者的深意。如果孩子真读懂了,那么这篇文章应该也会在脑海中留下深刻的印象。孩子记住文章中的优秀之处,再结合阅读理解的问题,自己思考、消化吸收,这时这篇文章才能成为素材,不管是做阅读理解还是写作文,孩子都知道该怎么应用。

读书是一个长期积累的过程,怎么算积累?只读而不过脑子当然算不上,要边读边思考,反复读反复思考,每次重读感觉都不一样。家长读到一本大家都推荐的好书时,也不可能读后就能完全理解,甚至有时候还需要听别人的解读才能领会到其中的深意。而这些解读的人,往往将这本书读了很多遍。

以上说的主要是语文方面的阅读,对于科学类的、知识类的书籍,当然是能多读就多读。

第二章
关于小学的学习习惯

第一节　小学生趁寒假养成良好的学习习惯

如果小学要提前期末考试，提前放寒假，那么各位家长可能会措手不及，复习计划被打乱，寒假计划也得重排。但是如果孩子平时养成了良好的学习习惯，这点变动根本就不算什么，反而是能够实现逆袭的好机会。

那该如何养成好的学习习惯呢？这要根据孩子的实际情况来制定。如果孩子写作业拖拖拉拉，那就要让孩子养成具备良好时间观念的习惯，要让孩子有时间概念，这样孩子才知道"在15分钟内完成"这个时间概念具体有多长。

如果孩子做事丢三落四，那就要让孩子养成收拾东西的好习惯。如果孩子注意力不集中，那就要训练孩子养成专注的习惯，限时完成一件事，中途不能干其他事情，包括走神、离开座位

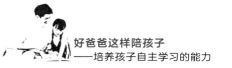

好爸爸这样陪孩子
——培养孩子自主学习的能力

等。好习惯都是家长一个一个地教孩子养成的,都需要家长的持续付出,没有哪个孩子生来就什么都懂。家长要善于利用各种有利条件好好计划。

第二节 立规矩,重习惯

很多时候,家长眼光的高度决定了孩子将来的学习在什么层次。在小学高年级,很多家长发现孩子学习成绩不好时,才开始着急焦虑,想着如何给孩子提高成绩。但很多时候,家长没有去分析孩子成绩不好的深层次原因。很多家长觉得孩子成绩不好就是因为不好好听讲、不好好做作业。至于为什么会这样,很多家长就有点搞不清楚了。其实要弄清楚深层次的原因,就必须把时间往前移到上小学前或刚上小学时。

其实家长不应该过度担心孩子学前学到了什么程度,上小学了能不能跟上,而是要把重心放在给孩子立规矩、养成好习惯上。如果你把这些做到了,孩子将来上小学就会比较顺利。

那在上小学前应该立什么规矩,养成什么好习惯呢?

规矩:自己不是所有人的中心,在学校人人平等;能接受表扬,也能接受批评;放学回家后先写作业再玩;会整理收纳个人物品。

学习上的好习惯:上课认真听讲;字迹工整;认真写作业、快速完成;课前预习,课后复习。

以上只是举例,并不全面,家长可以根据孩子自身的特点有针对性地制定。

为什么有些看起来明明是习惯,却要变成规矩呢?因为孩子年龄还小，他自己并不能辨别是非对错，规矩就是强制性的、必须遵守的。而习惯，可以慢慢养成，也可能养不成。

有些家长可能觉得规矩太多，条条框框会限制孩子的个性和想象力。这肯定是会有一点影响的，有得必有失，但是如果将来孩子考取了理想的大学，可能家长就会觉得这不算什么了。

第三节　时间管理

很多家长在网上获得各种信息，然后不管合适不合适，就给孩子囤一大堆书，仿佛大把的银子撒出去了，焦虑就消失了。

然而，焦虑消失了一段时间，随即又出现了。焦虑啥？妈妈们发现，计划很完美，课程安排也很合理，怎么到了执行时才发现时间不够用呢？明明计划好的1小时完成课内作业，结果3小时了还没完成，老母亲的焦虑瞬间爆发。

那么，该如何来改变这种现状呢？这里就要引入"时间管理"的概念了。把时间管理好，才能让孩子的学习有效率。

首先，家长要先学会做减法，先把囤的一大堆书清理一下，想想哪些是现在必须用的，哪些是可以推后一些的。要学会放弃，不要什么都想学。可以换位思考一下，如果让你自己每天学一大堆新东西，你能记住并掌握多少？

小学低年级不要额外学数学，熟练掌握课内的知识就足够了，要把课外时间主要花在语文和英语的阅读上，当然，其他科学类的阅读也可以穿插其中。至于学的内容的难度和深度，要遵循孩子的大脑发育过程和孩子的认知发展规律。

其次，家长做规划时要分清主次，学会"抓大放小"。家长

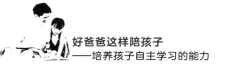

要清楚将来孩子是想通过高考进入最好的学校,还是将来要有一两门技艺傍身。家庭条件非常优越的家长可以忽略这些,因为你的孩子将来可以去贵族学校,再大一点可以出国读高中、大学,和普通家庭的孩子不在一个赛道。可以琴棋书画、马术、冰球、英语一块儿学,其他文化类课程就随孩子的兴趣想上就上,不必考虑太多。

如果孩子决定将来走高考这条路,那么语文、数学、英语、物理、化学、生物、历史、地理这些科目的课外学习肯定要在规划中,音乐、美术、体育如果纳入中考,也要在规划中。除此之外,编程、机器人等一些课程也要在考虑之中。这么多门课,如果全部都安排进每天的时间表里,就算不睡觉也完不成。

所以在做时间管理时就要清楚孩子要主攻哪几科,其他的科目就穿插着学,这样主次分明,时间上安排起来就会比较充裕。

最后,在时间规划上也要从自身家庭的实际情况出发,比如孩子下午五点多就放学了,但家长下班到家可能都六七点了,这段时间如果不能利用好,等着家长到家再来陪读,那时间是不够用的。所以家长就要想办法把这段时间利用起来,可以先培养孩子自主做作业的能力。

有了时间规划表,具体怎么执行呢?

在学前,时间规划表可以不用严格要求,大致能按着方向走就行了。但从上小学开始,就必须对孩子严格要求。如果孩子在这时不能养成好的学习习惯,别说初中,就是到小学高年级,学习都会很吃力。

哪些习惯是必须养成的呢?

首先,养成先完成课内作业然后再玩的习惯。其次,养成每天固定时间做固定事情的习惯，这样孩子就能自主地去完成一些规定项目，可以减轻一些家长陪孩子时间少的压力。最后，养成每天阅读的习惯，这个习惯如果能坚持下来，到了初中、高中会显示出巨大的优势。

家长要通过一些方法帮助孩子尽快养成这些习惯。比如孩子做作业拖拉，一个很大的原因是孩子太小，对时间完全没有概念，他既不知道10分钟是多久，也不知道1小时是多长。这时要选用有液晶屏的计时器，因为孩子对指针表示的时间没有感觉，但是对数字相对敏感。孩子做每一项作业时，家长要先告诉孩子完成的时间，然后定时，提前完成就做个记录，积累到一定数量后可以换奖品。这样不仅能让孩子有时间观念，而且可以激励孩子尽快完成作业。

家长在每天的时间规划中，一定要留出至少30分钟的空白时间，如果孩子每天能按时完成各项任务，这部分时间就是给孩子自由支配的奖励时间。不要每天都把时间安排得满满的，也不要把空白时间拿来另外布置新的作业，要让孩子有动力快点写完作业、完成任务，做自己喜欢的事情。

除此之外，家长在孩子的书桌上尽量不要放与学习无关的物品，因为孩子写作业觉得无聊时，任何物品都可以拿来玩上好一会儿。

简而言之，时间管理是非常有效的提高学习效率的方法，每天节省出半小时，几年下来，累积效应巨大。

第三章
关于小学各科的学习方法

第一节　如何陪伴孩子学习

到底应该怎么陪伴孩子学习？

首先，"工欲善其事，必先利其器"。"器"就是学习的环境，如何营造一个适合学习的环境呢？如果家里有条件，可以专门用一间屋子作为孩子的书房，房间不需要太大，只要能放下一张大书桌和一排书柜就行。书桌大一点主要是为了方便孩子将学习要用到的各种资料分类摆放，清楚大概有多少作业量（学校的和自主的），每完成一项就收起来一项，直到最后一项做完，桌面清零。没有大书桌也没关系，只要能写作业就行。如果没有专门的书房，就在孩子的房间摆张书桌。家长如果陪读，建议在孩子的斜后方一米开外。如果在孩子的前方，家长的一举一动容易让孩子分散注意力。

第三章
关于小学各科的学习方法

其次，就是具体怎么来陪孩子学习。

第一，列计划。刚开始执行时，家长可以和孩子一起列计划，可以使用通用模板（各科书面作业、笔记、错题、背诵、预习、课外作业等），每一项都列出具体时间，完成后打钩，并标注完成时间。提前或超时都没关系，关键是要有时间观念，可以买一个计时器，每一项都计时。

第二，孩子还没养成良好的自主学习的习惯之前，家长有必要在每一项作业完成时督促孩子记录完成的时间。提前或超时都不要责备孩子，尽量减少对话，保持安静。

第三，孩子做作业时，家长如果在旁陪伴，可以选择看书或做一些安静的事。不建议戴耳机听有声音的内容（你以为只有你能听到，其实在安静的环境里，孩子也能清楚地听到）。

第四，随时关注孩子是不是开小差。如果是，家长要耐心提醒，不要随意发脾气。

第五，学习期间环境要安静。因为人在进入学习状态前大概需要5~10分钟，一旦进入学习状态后，外界的声响会很容易产生干扰，等排除干扰后再次进入学习状态时，又需要花费几分钟。如果经常打断孩子的学习，会让他很难集中注意力，对自主学习的能力培养非常不利。

第六，尽量避免孩子在学习过程中总是离开座位、喝水、上厕所等，可以每隔几十分钟让孩子休息10分钟。

第七，如果孩子在学习过程中遇到不会的题目，家长可以把题目记录下来，让孩子跳过题目接着往下做。家长可以自己解题或在网络上寻求答案（去其他房间，不要影响孩子），等孩子把该科作业做完后再来讲题。

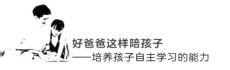

刚开始,家长投入的精力会多一些。过一段时间,等孩子通过这种方法取得了一些进步后就会开始产生正反馈,他会觉得这个方法好,从而愿意坚持下去,然后越来越好,就更愿意用这个方法。经过一到两个学期,孩子养成主动学习的习惯,成绩也有了很大的进步后,家长就可以慢慢放手了。

第二节 小学低年级期间,要以激发学习兴趣为主

小学低年级,要以激发学习兴趣为主。千万不要为了抢跑而逼着孩子学太多他不想学的东西,这不是抢跑,而是让孩子负重前行。这么小的孩子,身心都还没发育好,如何能承担呢?

反观那些懂得如何激发孩子兴趣的家长,采用的方式都是听得多,看得多,玩得多,写得不多。这是孩子最喜欢的模式,寓教于乐,让孩子在玩中不知不觉地培养出了对学习的兴趣。在孩子感兴趣的前提下,再加码学习,孩子就比较能接受。同时大脑发育更完全,更容易理解学习内容,学习的痛苦指数也更小,抗拒的程度也会更低。就好比是先让孩子锻炼身体,等到身体长壮实后再负重前行一样,此时对于孩子来说,虽然有压力,但是在孩子能承受的范围内,孩子或许咬咬牙就能挺过去,这样不好吗?

所以,孩子在小学低年级时,尽量多让孩子阅读,无论是父母陪读还是孩子自己阅读,都不要局限于题材。文学类的、科学类的、历史类的、地理类的、生物类的,中文的、英文的都不限,只要孩子愿意听、看和读,目的就达到了。至于能不能从中学到道理、感悟人生,完全不用考虑。

当然，学校课本上的知识是必须严格掌握的，因为这是最基础的东西，就像汽车的轮子、马的四蹄，没有它们就寸步难行。

所以小学低年级的家长知道了这些，就不会盲目焦虑。让孩子本来应该快乐的童年留下了阴影，实在是一件费力不讨好的事情。

因此，小学低年级期间，对于孩子的培养，家长要做到以下几点：

（1）培养孩子各种课外兴趣；

（2）学校内容要严格掌握；

（3）不要给孩子太大压力。

第三节　小学期间给孩子培养一门优势科目

要想孩子将来有自信，家长在小学期间有一件事必须做到，那就是无论如何都要培养出孩子的一门优势科目。这门优势科目不仅仅限于语文、数学、英语三门，也可以是物理、化学、生物、历史、地理，甚至是音乐、舞蹈、美术、体育等。这门优势科目不仅仅是为了将来在考试中拿高分，更重要的是让孩子树立信心，觉得自己行。

要注意的是，千万不要为了培养一门优势科目而放弃对其他科目的培养。

如何才能培养出孩子的一门优势科目呢？在小学低年级期间，我们首先应该做的还是阅读，包括语文和英语，然后就是人文、历史、科学之类的入门兴趣阅读。如果家长不知道孩子对哪些科目感兴趣，先通过广泛阅读，对孩子的兴趣进行摸底。如果孩子并没有表示出对哪一科有特别的兴趣，家长可以有目的地给孩子推荐一些趣味性比较强的绘本来培养孩子的阅读兴趣。

在小学高年级期间，除了日常的语文、英语阅读理解训练外，在数学、物理、化学、历史、地理、生物里面一定要想办法找出一两个孩子特别感兴趣的科目。然后引导孩子不断深入学习，从启蒙的阅读书到初中的课本，甚至是高中的课本，从简单翻看到认真钻研，能做所学内容的配套习题。除此之外，还可以看更多关于该科目的相关课外书及网上的相关视频，不断丰富孩子对该科目的了解。

如果家长能够借此机会和孩子制订计划，以点带面，把其他科目也顺势带起来，孩子就能逐步实现由偏科怪才到全才的转变，实现自我超越。

所有这些能够实现的基础主要还是要在小学期间先培养出阅读的兴趣，由兴趣来推动学习，由学习变为强项，再由强项反过来带动学习。

第四章
关于小学孩子教育的话题

第一节　分流在中考，起点在小学

通过期中考试分析发现，人员分流虽然是在中考，但真正的起点还是在小学，尤其是语文和数学。

小学语文主要指阅读这块。通过阅读来培养孩子对语文的兴趣，积累好词好句，甚至名人名言。

小学语文主要还是学基础知识，对考试分数的区分度不大。也就是说，无法通过考试分数来确定孩子是不是很优秀。但是这些积累到了初中就会慢慢显露出优势。

阅读量大的孩子对于各类文章都有所涉猎，经过一定的指导和训练，很容易掌握阅读理解的答题精髓，也能容易写出内容丰富、形象饱满、见识深刻、角度新颖的优秀作文。

小学数学的主要内容围绕着四则运算展开，以语文阅读为基础，能正确理解应用题的内容，并能正确解答基本上就算过关。

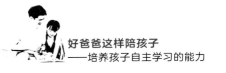

小学数学也没有什么区分度,很多孩子考试满分,除了让家长高兴外,并不能帮助家长正确判断自家孩子的真实情况。

有些家长通过奥数判断孩子的学习能力。小学奥数是集逻辑思维能力、计算能力、理解能力、记忆力等于一身的综合能力的体现。但是小学奥数并不适合所有孩子学习,有些孩子的逻辑思维能力和理解能力不够,就无法读懂题目意思,对于题目的解法也没办法理解。这类孩子就要尽量避免去强行学奥数,因为对于他们而言,奥数题太难。如果逼着孩子学,只会让孩子觉得学习是一件非常痛苦的事情。到了初中,对于突然加大难度的科目,孩子一旦学不会,就会产生厌学情绪,甚至放弃学习,自暴自弃。

孩子如果在小学就能学好奥数,那说明孩子的各项能力都比较超群,后期可以承受提前学和拔高学的压力,并转换成自己的优势。

虽然同赛道的孩子在中考后才分道扬镳,但起点早在小学时就已经不同,加上中间所乘坐的交通工具也有快有慢,所以结局其实早已注定。

第二节　家长要搞清楚教育孩子的目的

很多家长觉得教育孩子要趁早,有从幼儿园就开始的,有从上小学开始的,还有更着急的父母从孩子一两岁就开始的。我不反对家长从小就开始教育孩子,但建议家长先学一下儿童心理学和儿童大脑发育的相关知识。如果你不了解这些,就不知道孩子这个时期到底需要学什么、能学什么,可能给孩子学了超出他年龄认知的知识,孩子未必能理解,只能停留在很表面的层次上。

此外，因为比同龄人领先，孩子心中优越感爆棚，也不可能静下心来认真学基础知识。

所以，很多在幼儿园时就认字过千个的孩子，在小学期间语文成绩并不好，表现在以下几个方面。

第一，拼音会用，但声母、韵母、整体认读音节概念不清，考试得不到分。

第二，笔画、笔顺不清楚，很多字会认，但写不正确，考试得不到分。

第三，由于认识大部分字，可以自主阅读，在阅读中遇到不认识的字一般都懒得去查去问，猜个意思就直接跳过。这样就养成阅读很随意，不仔细，甚至跳行、跳字的坏习惯，给将来的阅读理解埋下很大的隐患。这是很多家长说孩子小时候看了很多书，怎么到初中语文还是差的一个原因。

所以早早教育孩子，除了要在知识上让孩子走在前面，还要在习惯上纠正孩子，否则教出来的孩子眼高手低，不具有真正的领先优势，可能还不如那些按部就班上学的习惯好的孩子成绩好。

家长教育孩子前要先搞明白想达到什么目的，教到什么程度，后面一步步的计划是什么，不要盲目做。要在孩子能承受的范围内逐步去提高，才能一直保持相对的领先优势。千万不要盲目跟风，除了会把孩子弄得很累，孩子也会因为没有目标的学习而感到困惑，最后放弃。

教育孩子实际上是一个非常系统的工程，绝不只是提前学这么简单的事。要从高考开始往前推，一直倒推到小学，家长不仅要学习知识，还要掌握各个年龄段孩子的心理特征，针对孩子的

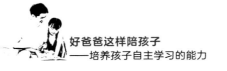

各种心理问题进行交流和疏导,确保孩子的心理健康。

所以,家长在决定自己教育孩子时一定要请教有经验的专家,千万不要觉得自己很聪明,什么都能搞定。其实在教育孩子的过程中,经验起的作用要远远大于书本知识。

那什么人算是专家呢?

一是常年从事儿童教育的老师、教授,他们长期处于教育一线,教育经验丰富,见多识广。

二是从小就一直亲自教育孩子并且把自家孩子成功送进名牌大学的家长,他们有实际有效的经验,有借鉴价值。

第三节　如何避免鸡飞狗跳

小学生家长在辅导孩子的过程中,如何才能避免教几遍都不会,最后鸡飞狗跳的情况呢?建议家长先帮助孩子养成以下几个学习习惯。

1. 下午放学到吃晚饭这段时间的安排

下午放学到吃晚饭这段时间的安排,一般分为两种情况。

第一种情况,家长都在上班,家里没有人照顾孩子,家长要提前教会孩子养成先把课内的书面作业写完的习惯。

当然,孩子肯定会有不会或不确定的题目,建议家长让孩子把不会的题先空着,等家长到家有时间后再来辅导,讲解给孩子听,这样不但效率高,孩子也可以把当天的问题当天解决,不留死角。

第二种情况,家里有老人或保姆,或者妈妈全职在家。放学回来到吃晚饭前这段时间,由于时间还早,建议先把户外活动和体育锻炼完成，然后吃完饭等孩子静下来后再开始学习。这里家长需要注意，在做户外活动和体育锻炼之前，要和孩子讲清楚，这个时间是专门来玩和运动的，时间到后就不能再继续玩了，要收心，开始认真学习。如果不给孩子灌输这个概念，很多孩子会越玩越疯，根本就无心学习。

2. 晚饭后的正式学习时间

晚饭后的正式学习时间，基本上分两大块。

第一大块，孩子的独立学习时间。

在这段时间内，首先要教会孩子列计划，主要是针对课内作业。建议做作业的顺序是先易后难，简单的作业完成一项就少一项，孩子会有成就感，不会觉得做了半天还是有那么多项作业没做完，容易泄气，尤其是碰到不会的题目较多时，更容易产生畏难情绪。如果关于记、背的作业比较简单时，也可以放在前面先完成，不一定非要放在书面作业后，可以灵活把握。

在做课内作业时，碰到不会或不确定的题目时，经过简单的思考，在5分钟内还是做不出来（可以让孩子养成习惯，即遇到难题用计时器计时5分钟），要果断跳过，做下一题，等到把所有的课内作业都做完后，再让家长进行辅导讲解。千万不要碰到一题讲一题，因为还有作业没做完，家长和孩子都会比较急躁，这时孩子在压力下可能会出现反应迟钝、理解力下降的情况，原本经过简单点拨就可以做出来的题也可能做不出来。家长发现这么简单的题都做不来会更急躁，嗓门一加大，孩子更紧张，大脑一片空白，更加做不出来，因此造成恶性循环。

人在未经训练的突然压力下，大脑中的"杏仁核"这个组织会出现应激反应——"战斗或逃跑"。正常的反应是选择"逃

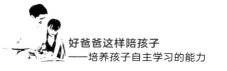

跑",就会出现反应迟钝、动作出错之类的非正常反应。所以家长应该控制自己的情绪,尽量避免在孩子感受到压力的情况下讲题,否则费时费力不见效。

第二大块,家长布置的课外作业。

在布置课外作业之前,首先要确保孩子的课内基础都完全掌握了。如果孩子学有余力,课外作业才有意义,否则就是根基不稳,强行盖楼,只能暂时缓解家长的焦虑,对孩子的学习并没有真正的帮助。当然,课外作业布置后,是需要家长全程陪同的。和课内作业的要求一样,孩子做课外作业时家长不要打断孩子,要让孩子养成专注思考的习惯。因为是拓展知识,所以家长先尽量让孩子自己思考,孩子实在不会的,家长再给孩子讲解题思路,不要直接告诉答案。

这个解题思路家长要特别注意,不要按照自己理解的意思去讲,要按照孩子所处的年龄段和所学过的知识及孩子能理解的知识和方法去讲,否则家长讲的孩子听不懂,也就失去了讲题辅导的意义。孩子提前完成当天的所有作业后,家长就不要再临时加作业了,要给孩子留白。

如果家长和孩子都能做到位,那就不会出现鸡飞狗跳的情况,只会母慈子孝。

第四节 小学期间真的有必要追求满分吗

经常有很多家长跟我说因孩子没考好而感到焦虑,满分有十几个,自己孩子考了98分,感觉孩子要被淘汰了。在小学阶段,尤其是小学低年级,满分真的不能说明什么问题,因为这些反映的都是比较表象的东西。

小学及初中学的知识都是为高考服务的。基础知识掌握牢固没有错，但最重要的是良好的学习习惯，这是可以伴随孩子整个学习生涯的。孩子如果在小学、初中没有好的学习习惯，那到了高中学习会更吃力，因为到了高中，思考、总结很重要。别人如果从小就养成了良好的学习习惯，那他只需把精力放在找到适合自己的学习方法上就可以了；而孩子如果学习习惯不好，不仅要找到适合自己的学习方法，还得同时改正自己的坏习惯，你说孩子会不会更吃力呢？

如果孩子上了初中，回过头来看小学，发现小学数学能拿来用的也就是多位数带小数的加减乘除四则运算，其他更高阶的数学概念都需要在初中额外学习，你说小学数学考试100分的含金量有多少呢？现在的初中生哪一个理解不了或算不出小学的数学题呢？所以小学的侧重点首先是学习兴趣，然后是学习习惯，学习方法排在最后。

文科类的语文、英语，都是需要从小就进行大量积累的科目，反复阅读、精读、限时阅读都需要进行。

有的家长说，干脆把精读提到小学一年级就开始吧！这是不行的，小学低年级要泛读，因为泛读是为了认识大量的汉字，从而提高阅读的兴趣。这个时候通过绘本、拼音读物让孩子不断地重复看大量的生字，从而认识这些字，这个过程是不能省的。如果一上来就给孩子搞精读，一句话没几个字认识，每看一句话都要打断多次查字典或问家长，那还有什么乐趣可言？会让孩子误以为今后的学习都是这样，那孩子还有什么兴趣读书呢？

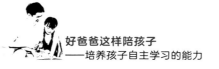

小学的考试成绩不一定能真实反映孩子将来的学习成绩,所以要搞清楚小学到底学到什么程度就算达标了。就数学而言,课本上的要全部弄懂,多位数的四则运算要熟练(其实初中很少会算四位数以上的四则运算,更多的是方程、函数、几何,对硬算能力要求不高。然而在高中,解析几何和三角函数对硬算能力要求非常高,但仍旧不会超过四位数的四则运算,主要是各种表达形式之间的变换),要能够理解应用题的题意,基本上就可以学初中的数学知识了。

初中的数学知识,很多是比较抽象的概念,无法通过画图或用现实生活中的例子来解释,所以对孩子的逻辑思维能力有一定的要求。但是也不要过于担心,大部分孩子到了这个年龄,具备逻辑思维能力,所以适当地提前学习一点初中的新知识就可以了。

至于文科类的科目,大部分试题是阅读理解,包括文言文也变成了阅读理解题。所以初中时还是要继续大量地、重复性地进行阅读理解训练,先进行量的积累,可能有部分孩子会提前开窍,在初中就明白了阅读理解的真谛,直接从量变到质变。

说了这么多,其实就是要告诉大家,小学阶段所有孩子的差距并不大,家长只需要培养好孩子的学习兴趣、学习习惯,顺便培养一下孩子的逻辑思维能力。即使孩子在小学成绩不突出,到了初中也不会太差,因为到了初中,基本上都是从零开始的,小学成绩的参考价值不大。

第五节　小学期间如何列具有实操性的育儿计划

现在很多小学生的家长受到身边其他家长的影响，也开始考虑如何培养孩子，在网上找专家，看文章，加入各种教育群。但是现在很多家长面临的不是育儿知识不够的问题，而是该如何把这些知识转化成实际操作的问题。这实际上是一个把输入的知识经过消化吸收变成自己的知识之后再进行输出的闭环过程，和孩子先学知识然后应用是一个道理。

那么该如何把所学的知识转化成实操呢？可以按照下面的描述来操作。

首先，要把通过各种途径学习到的育儿知识进行整理、归纳，然后总结成一条一条的可执行的计划。在这个过程中，家长也需要思考方法是否合理，结合自家孩子的实际情况，考虑计划是否具有可执行性。每个孩子都是独一无二的，好的方法或经验也不能完全照搬。

现在很多家长最大的问题就是没有任何计划，每天就是按照学校的课内进度走，别的孩子学什么也让自家孩子跟着学，教育孩子没有章法，导致孩子也是糊里糊涂地学。其实很多家长卡在了这一环。所谓万事开头难，对于没有经验的父母来说，制订一个计划，其难度不亚于做一道高考压轴题，看起来每一种方法都能行得通，但貌似每一种方法又走不通，非常纠结。

有的家长觉得应该向孩子的老师请教，其实我是不建议这么做的。大部分的老师在教授知识方面是非常专业的，但在孩子的教育方面未必比家长强多少。有数据显示，70%的老师的孩子学习成绩并不好，这也是很残酷的现实。另外，老师每天的事情很

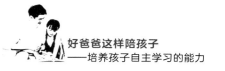

多,不可能非常系统地告诉你该如何教育孩子。

很多时候,计划不一定非要完美无缺才能实行,实际上因为教育孩子是一个长期的过程,在教育过程中的计划不可能是一成不变的,也需要经常修正和调整。所以关键是迈开第一步,不管计划列得如何,先列出来一个再说,然后再不断地补充或修改。就像做实验一样,拿着前人的知识和经验,一步步地操作、验证,最后实验成功。当然,这么做是有一定风险的,有点像拿孩子的未来开玩笑。

实在不知道该如何下手的家长也不要着急,可以请专业人士给孩子量身制订一个计划,然后在其指导下进行实操。等家长掌握了其中的诀窍,就可以自己与孩子共同制订计划了。

其实很多家长不是一开始就很有经验,而是从一无所知开始慢慢摸索,不断调整。只要你真心想要教好孩子,每天多动脑筋,一定可以教好孩子。

第六节 小学到底应该放养还是陪着学习

关于孩子从小学开始家长到底是要盯严点还是该放手让其自由发挥,这个话题一直存在争论。看过一个短视频,两个家长一直说各自的孩子从小学开始就没有管过,都是让孩子自由成长,结果孩子特别自律,学习特别好,其他各方面也都好,家长也能过自己的生活。

听了他们的话,我的第一感觉就是:这俩人是不是根本就没有孩子啊?孩子在小学时,我最初也是这种想法,想着我自己小时候就是这么玩过来的,自己的孩子为啥要那么辛苦呢?所以我也准备放养，这样孩子能轻松，我自己也能落得个清闲。但现实打脸太快，虽然上小学前孩子已经有认字过千打底，但期中考试还是垫底。后来一打听，才知道有两个孩子一样考得特别差，而其他成绩好的孩子大多是父母陪伴学习和成长的。成绩差别出现一道鸿沟，期中考试就是七十几分和遍地满分的差别。

这件事对我的震撼直击灵魂深处。孩子考完试后我陷入了沉思：我每天坐在电脑前上网都无法控制自己，这里看看那里看看，一天不看都憋得难受，一个六七岁的孩子怎么可能抵制住花花世界的各种诱惑，静下心来学习呢？

所以，在孩子的教育上，家长千万不要相信孩子可以在没有大人陪伴和管教的前提下自学成才。每一个优秀孩子的背后都是整个家庭的倾力付出，只不过大部分的家长并不想让你知道或看见而已。

第七节　家长对孩子的影响

《真心英雄》这首歌里有句歌词写得特别好：没有人能随随便便成功。这句话经典又深入骨髓，想不努力就获得成功，做梦！把一个孩子从普普通通的小学生培养成才，一路走来也是要付出多于常人的艰辛的，家长和孩子都是如此。

家长有这个意识，但不知道如何来实现，就会产生焦虑。家长焦虑了，就会给孩子增添不少压力，虽然压力是学习的动力，但首先压力要压在正确的地方才能变成动力。为了能正确帮到孩子，家长要做的功课其实一点都不比孩子少，甚至在初期比孩子还要辛苦。

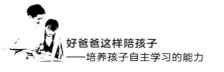

我认为,在上高中之前的9年里,家长的作用甚至比老师还要重要。

家长要重视孩子的教育,更要学习如何帮助孩子变得优秀。这一步没走对,费时费心费力又没效果;这一步走对,随着时间的推移,孩子会把同行人甩得越来越远。

第八节　爱之深,谋之远

有句话说:家长对孩子爱之深,则为孩子谋之远。

其实我对这句话是不怎么赞同的,我觉得顾好当下,放眼未来,才是务实的做法。

家长想把孩子教好,先看看下面这几条中自己占了几条。如果都没有,那孩子还是有希望成为成绩优异者的;如果占得越多,就越没希望,只能先从调整自己开始。

(1)家长没时间陪孩子写作业。

(2)家长没能力辅导孩子写作业。

(3)家长自己没有好习惯(抽烟、喝酒、打麻将、看电视、玩手机、玩游戏等)。

(4)家长没有耐心,孩子不会,就着急上火。

(5)家长不会用科学方法辅导孩子。

(6)家长没有合理的规划安排,只会笼统地要孩子好好学习。

(7)家长从来不管孩子学习,或无法持续管孩子学习。

(8)家长一个要这样管孩子,另一个要那样管孩子,当孩子面意见不统一。

（9）家长经常训斥孩子、打骂孩子。

（10）家长喜怒无常、变幻莫测。

我总结了四句话：

（1）基础要扎实。

（2）功夫在平时。

（3）养成好习惯。

（4）家长要陪伴。

第九节　关于挫折教育

话说回来，如果家长真的决定从小就开始教育孩子，那一定要先培养孩子的抗压、抗挫折能力。现在的孩子大多是在鼓励中长大的，难听的话基本上没怎么听过，话稍微说得重一点就受不了。因此，挫折教育很重要。

挫折教育要从小抓起，隔三岔五就要演练一遍，让孩子练就一个强大的内心，才能在12年的学习长跑中披荆斩棘，越挫越勇。

关于挫折教育，并不是要家长人为地去给孩子制造挫折，让孩子没事就受个打击，以为这样就能让孩子成长。其实不是这样的。

真正的挫折教育，是在孩子遇到挫折与打击时，家长正确引导孩子尝试自己面对，而不是在这时候落井下石或者直接帮孩子解决问题。

举个例子，孩子在一次比较重要的考试中没有发挥好，考得比较差，此时，孩子的情绪一般都是比较低落的，会很受打击。

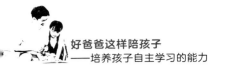

而有的家长的处理方式是一通训斥与责备。还有的家长可能会说:"考得差也没关系,反正老爸有钱,将来实在不行就送你去国外读书。"

以上两种家长就没能抓住机会对孩子进行挫折教育。比较正确的做法应该是针对孩子遇到的挫折,教他该如何面对,将来碰到类似的情况该如何进行自我调整。

比如,可以和孩子这样说:"每个人的学习过程都有高潮期,有低谷期,考试也会有发挥失常的时候,甚至连很多世界冠军在重大比赛中都有出现失误的情况,更何况是在学习中呢?首先我们不要自暴自弃,要冷静地分析自己这次考试失误的主要原因,然后吸取教训,争取下次考试不要再犯。"

再如,孩子平时表现优秀,但在班干部的评选中落选了,孩子肯定特别失望,这也是一次很好的挫折教育的机会。

家长要把握机会随时进行挫折教育,让孩子慢慢养成强大的内心,这样在将来成长的过程中才能够承受各种打击。

感觉现在孩子还小的家长是非常幸运的,同时又有点小小的不幸。

非常幸运是因为微博上有很多孩子大一些的家长在前面"探路踩坑",给大家分享经验和心得,让孩子小的家长参考和借鉴,避免不必要的弯路和试探。

不幸的是,越到后面孩子要学的东西越多,随着内卷的加剧,竞争只会越来越激烈。

第十节　没提前学的到底该不该焦虑

有的家长看到"别人家的"孩子已经把英语说得很溜了，甚至拼音都会用了，字也认识了不少，就感到特别焦虑，感觉自家孩子已经被甩得都看不见了。其实大可不必这样，要知道英语和语文都属于语言类学科，词汇积累到一定量后就基本上没啥提升空间了。

举个例子，高考要求英语词汇量是3500个单词，一般大家在高考前积累到4000~6000个就足够了，积累到20000个也行，出国是绰绰有余了。但对于高考来说，4000个词汇量的未必比20000个词汇量的考得差，因为总分有限制。最多就是提前达到高考的词汇量后，可以腾出时间来搞别的科目。就像跑1000米，别人3分40秒跑完拿满分，你4分30秒跑完能及格，但大家都是跑的1000米，他还能跑10000米也没用，比赛就只让跑1000米。

语文也是一样，常用的汉字也就3500个，靠的是阅读积累，提前抢个跑也就能多读几本书。如果太早让孩子搞精读，由于大脑发育不全，孩子也不能很好地理解，所以还是要等到小学高年级才能搞精读。

对于数学来说就更是这样了，小学低年级学的所谓的浅奥，也不过就是四年级几节课的内容，何必早学呢？让孩子有几年快乐的童年不好吗？太早给孩子学超过他理解能力的知识，不仅耗费时间，孩子还会感觉痛苦。听不懂，学不会，那学习还有什么乐趣？

要科学地教育孩子，语文、英语提前学没问题，但到了高中也没有什么领先优势，就是能节省时间给其他科目，因此这是推

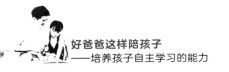

荐的。数学的话,把课本上的知识学扎实了,适当提前一点学,也没问题。孩子的理解力上来了,之前几个月教的内容,几节课就能学会,不是省时省钱还省心吗?

先把孩子的各种学习习惯培养好了,给孩子立了规矩,比早学更有用。搞清楚孩子每个阶段需要什么,按需学习,不要焦虑,不要从众,不要以为大家都在做的就一定是正确的,要多看看真正的教育专家是怎么说的,也可以看看那些成功将孩子教出来的家长是怎么说的。和你同龄的家长能比你更有经验吗?

了解了真相,清楚了原理,就不会再焦虑。其实耐心和坚持才是真正制胜的法宝,就像金庸先生笔下的郭靖一样,虽资质平平,但不走捷径,而是老老实实苦练功夫,最后也成为功夫很强的一代大侠,这道理是一样的。

第十一节 如何正确对待老师的忽视

有的家长说孩子特别渴望得到老师的表扬、肯定,如果经过努力取得了进步,但被老师忽视或选择性地忽视后,孩子的积极性会受到特别大的打击,貌似都不能再好好地学习了。

因此,家长对孩子的情绪处理要特别小心,如果处理不好,后面会对孩子的心理造成非常大的影响。

首先,家长要从认知上先改变自己的言行,这是非常重要的。在孩子的漫长求学过程中,每个阶段都会遇到很多老师,老师的教学水平有高有低,人品也会参差不齐,对孩子的正面和负面影响都会很大。遇到一个好老师,对于孩子来说,就是人生一大幸事。遇到普通的老师时,家长在学习上和心理上就得成为孩子的强大后盾，尤其是在教育减负的大背景之下。所以，除了在学习上教育外，家长还要教会孩子如何处理在学校中碰到的各种人际关系，提醒孩子，人生不会事事顺利，失败或受挫是难免的，要赢得起，也要输得起。

学习成绩一般或不好的孩子，平时本来就很难得到老师的注意，考试成绩突飞猛进时，当然希望得到老师的表扬，但如果老师忽视了，也没关系。跟孩子说，学习是为了自己。除此之外，家长对于孩子的任何一次小小的进步，都要表扬，口头夸奖或适当的物质奖励都可以。

家长的鼓励比老师的鼓励更重要，老师的鼓励可能一个学期也等不来一次，但家长的鼓励会非常及时。除此之外，还要让孩子明白，想得到老师的关注，只有凭硬实力。啥是硬实力？就是无论大小考，都在班上排前几名，但这在小学阶段是不容易的，因为内容太简单，去拼那个1分、2分的差距而大量刷题，是非常不划算的。因为你的眼光是要放远到高考的，孩子到高中需要获得什么样的能力才是你从小学就应该关心的。

所以要从小教孩子把目光看得远一点，孩子要做的是在初中、高中超越同龄人，现在老师不关注自己没什么，把时间和精力花在该花的事情上，厚积薄发，到了初中、高中，孩子自然而然地就会成为老师关注的焦点。家长和孩子都要纠正自己的认知误区，把精力花在兴趣的培养上，而不是主抓课内成绩。等孩子上了初中和高中，再回过头来看，会发现小学的课内成绩再差，也不影响在初中、高中排名靠前。但是家长也不要曲解我的意思，我不是说小学课内知识就不用好好学了，只是课内知识按学校要求做到就好，分数不拔尖也没关系，这不是重点。

第二部分 初中和高中篇

第五章
初中和高中有关的学习内容

第一节　七年级开始，学习模式变了

从七年级开始，学习模式完全变了。重心全部要回到学习上来，除了有特长的兴趣培训外，其他都要停掉，取而代之的是语文、数学、物理、英语的学习，尤其是数学、物理、英语，在学有余力的情况下尽可能地往前学。这不是揠苗助长，而是为了给高中节省出时间，很多家长不知道也意识不到这其中的好处。

从七年级开始，家长就要准备和孩子一起吃苦了。刚开学时，家长每天要督促孩子列出当天的计划，包括在作业登记本上登记每门课的作业计划写完需要的时间、作业完成后计划做课外作业的时间、整理当天笔记的时间、整理错题本的时间、看书阅读的时间、练字的时间等。列这个计划的时间很短，不要超过5分钟，然后督促孩子尽量按照这个计划完成，每完成一项就做个记号，写上完成的时间。回过头来让孩子每天总结自己的计划有

哪些合理之处，以及哪些不合理之处要改进。用不了一个月，当孩子能熟练列计划后，那就恭喜你，你的孩子离第一梯队越来越近了。

从七年级开始，家长每天要做的事是什么呢？刚开始每天督促孩子列计划，然后提醒孩子对每项计划的完成情况进行记录，并做当天总结，在孩子回家后到完成学习任务这段时间内，家长应该陪在孩子身边，不能玩手机，可以买一些平时没空看的关于孩子教育或者名著之类的书来阅读。

你在孩子身边看书，孩子就能很快地进入学习状态。孩子遇到不会的题目，家长能现场解决的现场解决，现场解决不了的让孩子先做下面的题，家长到其他房间上网查询答案后，自己理解了然后再去教孩子。千万不要偷懒而让孩子自己去查答案，这是毁掉孩子学习的最快的做法，这样的例子数不胜数。这段时间孩子学习多长时间，你就得陪多长时间，千万不要怕麻烦，因为这是最省事的做法，没有之一。

你从孩子的角度来看，他在辛苦地学习，而你在外面享受，从心理上他就会觉得不公平，在这种情绪下他如何能够好好学习？

第二节　八年级的几何问题

对于几何没学好的八年级孩子来说，看到几何题是很头痛的，尤其是那些需要做辅助线的几何题。

一般出现这种情况的原因之一是对做辅助线没有概念，没有分门别类，对题目中出现的条件（包括隐含条件）对应的辅助

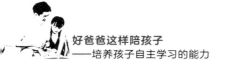

线,不知道有哪几种做法。

比如,看到角平分线,很多人知道八成是要证全等,一般首先要试试做两条边的垂线,如果不行那就要试着取长度相同的两条边来构造等腰三角形以证全等,这是比较直观简单的做法。

但如果题目里出现了直角三角形,有共边的其他三角形,又有中点,这时证全等就比较难了,因为直接做辅助线是做出不来的,这时就要转个弯,利用直角三角形的中线及三角形的中位线等于斜边(或底边)的一半来证三角形的一条边相等,然后再利用其他条件来证其他的边或夹角相等,从而证明三角形全等。

实际上要挑战上面这种难度,就要进行相应的专门训练了。什么训练?就是针对三角形里面各种条件分门别类地进行专题训练,先把题目拆成单独的条件进行画辅助线的训练,等每一种都练熟后,再学着根据题目条件把复杂图形进行拆解来试哪种辅助线是合适的,从而实现解题的目的。

那么问题又来了,有没有比较合适的教辅呢?

我推荐《几何辅助线秘籍》,书里题目少,但是都很经典,不用搞题海战术,只要把所有题目做得滚瓜烂熟后,初中几何题的辅助线基本上也就学得差不多了,特别适合八年级开始学几何和八年级几何没学好的同学。自学的孩子在用这套书的时候,不要急着做题,首先要把每个章节前面的各种辅助线做法和应用的范围搞清楚,看懂了再做,顺序不要搞错。例题和习题都是有难度分类的,刚开始先做简单题,简单题全部搞懂后再做中等难度的题。全部搞懂的意思是孩子在5分钟内能完全正确地做完题。有些孩子就喜欢做新题,做完后就没兴趣改错或重做,这是不可以的，否则就是浪费了这套书。

家长不要图快，让孩子一天做很多道题。做这套题的目的是把每道题都搞懂搞透，不是刷题，所以一个月或两个月全部做完都是可以的。

我还是那句话，初中基础是关键，基础打牢是目的。把基础打牢了，水平上来了，再加难度也不迟，很多时候"慢就是快"。

这套题适合水平中等或偏上的孩子，数学特别好的可以忽略不看。

第三节　关于初中几何学习的几点建议

大多数孩子从小学开始接触数学，学习内容主要还是以算术为主的四则运算，对于几何，接触到的主要还是形状的辨认以及各种形状的特点。到了初中，出现由算术到代数的转变，大部分孩子还是可以轻松衔接上的。但到了几何，尤其是从八年级的三角形开始，有一部分孩子就会觉得很吃力，比较难以理解，尤其是那些需要做辅助线的题目，更是毫无头绪，不知道该如何来做辅助线。

其实关于初中几何的学习，很多家长和孩子都会有种不太正确或不太全面的认识。很多人觉得几何不就是一堆图形吗？图我也能看明白，但为什么就是想不到要这么做辅助线呢？

大部分的人对于几何的认识最多也就是表面上看是各种线段和角之间的位置关系或数量关系，能到这个层面其实已经具备学好几何的基础了。对于常见的题型或者难度不大的题型，我们可

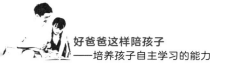

以通过各种分类来记相应的做法或辅助线的做法，比如《几何辅助线秘籍》里就是按照这个思路进行题型分类的。

例如，利用三角形的角平分线、等腰三角形的三线合一、直角三角形的斜边上的中线等一些特殊性质来记一些题型，利用某些特殊条件进行平移、旋转来做辅助线。通过这种相对机械一点的方法，可以解决一部分基础或中档难度的初中题目；但对于圆与相似三角形、四边形等压轴难度的题目来说，简单机械地套用模型可能就不一定管用了。因为"套用模式"就不是出题人的出题思路，出题人是采用更高阶的思维方法来出题的，如果孩子思考问题的方式还停留在"套用模式"的高度，那肯定是对这类题束手无策、无从下手的。

对于几何来说，虽然表面上是关于线段和角的位置关系和数量关系，但从本质上来说，反映的还是各种逻辑关系的组合。孩子如果能把这种逻辑关系搞清楚，不仅平面几何，就连高中的立体几何也会觉得容易不少。

几何和代数不同，代数的逻辑关系偏向数量关系的联系，而几何偏向位置关系的联系。数形结合的题目就是这两种关系的综合运用，要求会更高。

平面几何分为线段和角。先来说线段，一般说到线段，主要是针对全等来说的。对于一般的三角形来说，全等的条件也就是边角边、角边角、角角边和边边边这几种。如果题目的已知条件里面没有直接给出对应的边，而需要我们证明两条不相干的线段相等，那我们的思路就是第一步直接构造包含这两条线段的全等三角形，如果可以那就直接证明。

如果不可以，第二步寻找中间的桥梁，比如等腰三角形一条腰代换另一条腰,比如直角三角形斜边上的中线或者另外构造一对全等三角形,如果没有可以直接利用的条件,那就要想办法连辅助线看能不能构造出需要的中间条件。可以采用尝试法,往多个方向做辅助线,看哪一条更容易凑齐条件就往哪个方向上试,都是可以试出来的。

以上步骤主要是针对几何压轴题来说的,一般难度不大的几何题是不需要这么麻烦的,直接套题型就可以解出来。

在实际解题过程中,如果以上两步还不能快速有效地做出辅助线,还可以采用倒推法,即从要求证的问题反过来推。如果它们相等,那应该要什么相等或什么三角形全等,然后一步步倒推,也是可以顺利推出来的。

一般来说,要证角相等,除了全等外(步骤同上),经常也会涉及相似,但一般涉及相似时不会直接证角相等,很有可能会以线段成比例或某个线段的平方等于另外两条线段的乘积的形式来证明。这时解题思路和上面基本相同,但相对难一点的地方在于相似的两个三角形没有全等三角形那么容易看出来,所以更加考验孩子的逻辑推理能力和逻辑思维能力。

好在相似三角形的证明一般以两个角对应相等来证明的情形比较多,这类题大多以圆和三角形或四边形结合的题型出现。要充分利用圆的各种性质来寻找相等的角,通过相等角的代换来证明相似,如果条件不够,那就以这个思路去尝试添加辅助线,只要大方向不错,都是可以做出来的。

综上所述,如果你是按照几何的表面逻辑来看,几何题就是由很多种不同的题型构成的,你要会区分,并且会按照分类的方法去做辅助线解题。如果你是从底层逻辑思维的方式来看待几何

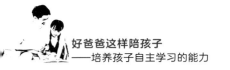

题，那大部分的题都是相同的,没有区别,"无招胜有招",这也是大部分学霸的思维方式。

第四节 初中数学究竟学了什么

很多孩子整个初中学完也不知道数学究竟学了什么。其实从大的角度来看,初中数学主要分为以下几类。

1. 完成了从小学的算术式子到方程的转换

方程思维是一种非常重要的思维方式,这种思维方式简化了思考的难度,把需要解出答案的复杂式子通过加入未知数的方式列出等式表示出来,也就是说根据题目的条件你就能直接列出等式,从而通过计算得出答案。

这是一种比较先进的思维方式,但其实一直到九年级开始学一元二次方程时,还有很多孩子依然习惯通过列式子的方式或者在心里直接硬算来得到答案。

当然,在一元二次方程之前的应用题中,有些题确实是可以通过直接列式子的方式解出答案,可能会比解方程更快得出答案。

但是如果不能及时转换思维方式,不能熟练运用方程思维,等到了用一元二次方程解应用题时,便会很不适应。因为对于这类应用题,直接列式子是列不出来的,这就造成了很多孩子一看到一长段题目的应用题时直接傻眼。用他们自己的话说就是"脑袋炸了",不知从何处下手,以至于一遇到这类题,不管难不难,就是害怕,不敢尝试。

方程思维不仅仅是为了解方程,更重要的是为了列方程。为了解决问题，尤其是到了高中，不仅数学、物理，甚至是化学都需要列方程来解题。如果孩子在初中没有养成方程思维，那说明孩子的初中数学是学得不合格的。

2. 要形成函数的概念

这点更加重要，因为高中遍地都是函数。什么是函数呢？函数简单来说就是一个变量和另外一个变量的对应关系。这里面重要的是对应关系，孩子把这个理解透彻了，那将来在高中学数学就会轻松些。

初中的函数是很初级的，并不难，如果把一次函数和二次函数对应的图形关系搞清楚，那基本上函数就过关了。

但为什么中考最后一道压轴题要选择二次函数呢？二次函数不是不难吗？二次函数本身并不难，但是如果它和几何图形结合起来，也就是我们平常所说的数形结合的综合题，那它的难度就要高好几个等级。这里面需要运用到的知识点比较多，哪个知识点没掌握好。这道题就会卡壳。

3. 几何图形的证明与计算

这一块主要锻炼的是孩子的空间想象能力。这与代数不同，代数反映的是逻辑思维能力、对数字的计算能力，几何反映的是对物体之间的关系的思考能力。这几种能力之间相互关系不大，也就是说代数学得非常好，那几何也未必同样精通，反过来也成立。几何和代数都非常好的孩子那肯定是妥妥的学霸。

初中的几何还只是基础，也就算是启蒙而已，到高中学立体几何、平面解析几何、空间向量时，才发现平面几何不够用。但如果孩子平面几何基础打得好，方程和函数也学得不错，那再努

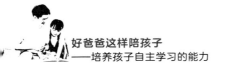

努力,还是可以甩其他同学几条街的。

所以,初中立志要进重点高中的孩子,要清楚地知道自己在初中应该掌握哪些数学知识。不要只迷恋做某个具体的难题,要有整体意识,这才能知道自己要做到什么程度才能为未来打好基础。不要觉得初中数学110分(120总分)以上就如何优秀了,如果不知道自己真正要掌握哪些知识,到了高中可能数学也还是110分(150总分)左右。

第五节　初中数学和高中数学的关系

有很多家长觉得初中数学学得好,尤其是压轴题能做出来的孩子,到了高中理所当然地也能学得好。其实,这是没有真正了解高中数学的具体内容而造成的认知上的误解。

从逻辑关系上来说,初中学到的数学知识,到了高中回过头来看,就是一些基本的计算基础。打个比方大家就能有所了解了,就好比学游泳,初中的数学知识就像是你只学会了憋气和踩水,也就是只能保证在水里沉不下去,但高中的数学知识就像是各种泳姿,自由泳、蛙泳、蝶泳、仰泳,甚至是狗刨。

你能说你会憋气和踩水就一定能学会各种泳姿吗?不一定,所以初中数学成绩好并不代表高中数学就可以继续厉害,道理和学游泳完全相同,但具体的情况家长还是无法想象。

高中的数学内容不仅多,而且难度也很大。如果在初中时没有锻炼自己的逻辑思维能力,然后初升高的暑假又没有好好利用来提前学,那上了高中不适应是非常正常的。因为高中不仅数学一门课变难变多,几乎每门课都是这种情况。

实际上，中考淘汰一半的人上不了高中，对很多不善于学习的人来说，未必不是件好事。我之前也说过，高中理科拼的是学习方法、底层逻辑及学习能力，包括理解力、记忆力、逻辑思维能力、计算能力、综合运用能力等各种看不见的能力。

这些能力在初中的题目中基本上不能准确地反映出来，因为初中在不断地降低难度，以至于上高中之前如果不进行初升高的衔接培训，到了高中也会突然听不懂课。因为高中老师默认这些知识是初中应该掌握的，但被初中"减负"给减掉了，形成了知识的"真空"，所以必须自己想办法把它补起来。

其实这部分知识非常有用，对初中生来说学了之后也会加深对中考知识的理解，更重要的是不会出现知识断层，避免到了高中学霸秒变学渣的尴尬境地。

不一定非要等到中考结束才学，这些衔接知识对于学有余力的孩子来说，提前学更好，这知识体系才算相对完整，同时对提高逻辑思维能力有一定的帮助。

家长也不要过于焦虑，对于学习能力差的孩子，不上高中未必是一条很差的赛道。虽然现在职高教育水平参差不齐，但没能力上高中却硬去上高中可能对孩子来说是另一种折磨，最后的出路未必会比职高那条路强多少。所以要正确对待中考，正常情况下够线上高中的，放心去上，一定可以的；和分数线相差太远的，就不要逼自己和孩子了，接受现实，换条赛道，也不会差。

第六节　如何刷中考压轴题

中考压轴题，也不是非要等到课程全部学完后才能刷，那些

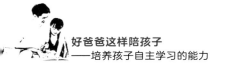

数学特别好的孩子我就不说了,我主要是指大部分的普娃,尤其是数学学得还可以的孩子。其实在九年级的寒假就可以开始考虑刷压轴题了。

不是说压轴题很难吗?为什么普娃也可以提前刷呢?其实这关系到逆向思维。什么是逆向思维呢?说白了也就是从结果倒推,从而推出整个过程的思维。

逆向思维有什么好处呢?咱们平时的解题思维是从外面一步步往里开锁,但是带锁的门很多,就需要进行选择,这在无形中增加了思考的难度。逆向思维正好相反,是从里面一步步开门,相对来说,目标指向明确,路径清晰,不需要太多的试探就能把路走通。

虽然用逆向思维解题相对容易,但对数学能力的要求比较高,所以在实际考试中也不是人人都可以通过逆向思维来解题的。

我在这里要大家提前练习压轴题并不是要大家用逆向思维的方式解题,而是要大家先以综合性最强的压轴题为目标,通过一段时间的练习,让大家的数学思维能力先提升起来,相当于从二维升级到三维。虽然大家的解题能力还不够强,但解题思维升高了一阶,回过头来看,对于压轴题以外的题目,再做起来时思考的视角都会不一样,会有一种降维打击的感觉,就像是初中生做小学生的题一样简单轻松。

对于压轴题来说,虽然拿满分不容易,但拿到大部分的分还是不太难的。压轴题分类就那十几种,其中还有几种是互相穿插的。针对这些题目,大家把题型和解法记住,做起来也是八九不离十的。

那提前刷压轴题应该怎么刷呢?我们都知道,一道中考压轴题从开始看题目到做出答案,耗时30分钟很正常,很多时候因为不熟练,花费一小时也不奇怪。但我们每天没有那么多的练习时间用来做压轴题,所以大量地刷压轴题是不现实的,也是低效的。

一道中考压轴题,考的不仅是基本的概念,还有最基础的计算(解析式的计算),以及对各个数学考点的应用、变换(包括三角形、四边形、圆、相似、旋转平移、一次函数、二次函数、反比例函数等),中间还要夹杂高阶的计算(包括一元二次方程、三角函数等),最后还要有丰富的空间想象能力(动点、多种存在形式、最值等),当然还少不了要涉及取值范围的确定以及最终答案的取舍。把这些全部考虑到了,压轴题才有可能拿到满分。

所以,压轴题一般都采用"1+2+3"的步骤来练习。

(1)选一道此分类中的典型例题,把例题完全看懂,分析透彻,包括每一步是怎么来的,考了什么知识点,都要全部标注出来,熟练到5分钟写出全部过程,不跳步骤。

(2)选两道相同题型的压轴题,自己不看答案试着做出来,同例题一样的步骤。

(3)把这三道题放在一起进行比较,将题目的共同点和不同点全部列出来,要求详细到每个具体的知识点。做到这一步,虽然刷的题不多,但会印象深刻,碰到同类型的题会比较容易想起来是怎么做的。

十几个不同的类型,每个类型都做3道题,差不多也有40道题了,基本上考试会涉及的题型都涵盖了。能做到这个程度,压轴题90%是可以拿满分的,剩下10%可能是出题人出全新题型或

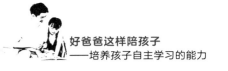

偏题，但正常情况下问题不大。

虽然这种方法比不上学霸见招拆招，无招胜有招，但比其他没有用这种方法的普娃来说，优势还是非常明显的。当然，后面总复习时还是可以刷历届中考真题的压轴题来进行验证和巩固的，以期达到熟练运用的目的。这样，压轴题基本上就稳拿分数了。

第七节 数学中考压轴题

数学中考压轴题是整个数学学习中综合性最强的题目，知识性融合度高，侧重考查学生对知识的综合运用能力、对问题背景的研究能力及对数学模型和套路的调用整合能力。

所以，对于压轴题来说，要知道奔着哪个方向去思考，才能让解题变得得心应手，比起题海战术，更重要的是策略。因此，在考前几个月内要加强训练，多接触往年中考压轴题真题，熟悉它们的命题形式、考查重点、架构特征、解题思路，进一步提高自己的逻辑推理能力、空间想象能力、综合运算能力、选择判断能力和探索创新能力。

从题型上来分，大致可以分为以下十多种类型，但是大家不要用呆板的思维去记忆这些题型，因为有些题型是互相穿插的，并不是一成不变的。即使靠死记硬背，也不可能涵盖一些更新的题型，所以逻辑思维能力就更显得重要一些。"万变不离其宗"，分析能力强就不怕题型变化，因为中考的考点就那么多，变来变去也跳不出这个范围。

压轴题一般分为三问或四问。三问的第一问和四问的前两问，都是非常基础的题，一般都是简单的证明题或求解析式，属于送分题。后两问才是真正考验水平的题，尤其是最后一问，大概率都是分类讨论题，一个是看考虑得全不全面，另一个是看是不是有不成立的情况。

第一种，三角形中的动点问题。一看分类，大家就觉得这类压轴题应该不难，但其实也有难题。这类难题并不以三角形的形态直接出现在题目里，比如隐藏在圆里面，可能还需要添加辅助线才能构造出需要的三角形，题目中可能只有圆和几条不相干的线段，如果你的思路一直在圆里面打转，那肯定是很难解出来的。

第二种，四边形中的动点问题。这类题目，不会单纯以四边形出题，一般都会结合圆或抛物线、双曲线之类的图形，考查的是数形结合的解题能力，考虑问题要全面，否则可能会丢分。

第三种，图形的平移、旋转和翻折。一般抛物线上的图形翻折难度最大，这需要空间想象能力和强大的计算能力。虽然这类题在高中算不了什么，但在初中还是可以难倒一大片学生的。

第四种，相似三角形的存在性问题。这类题的难点在于空间想象能力，还要能辨别出相似对应的边的变化情况。一般这类题都是抛物线上的动点问题，结合相似问题以后难度迅速加大，同时复杂的计算也会让很多孩子望而却步。

第五种，圆的综合性问题。这类题一般都是三角形、切线、圆心角、全等、相似等概念的综合题。如果是全等，那难度就很小；如果是相似，那就会比较难。一般来说，虽然纯几何题难度还算有限，相比其他题还是要容易些，但是辅助线的正确添加也很重要，否则做不出来也不奇怪。

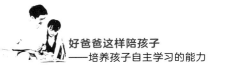

第六种，动圆的相切问题。这类问题如果是结合三角形、四边形的话，难度有限，如果还要结合坐标轴，加上坐标的计算，难度就要上几个台阶。因为涉及圆与直线、直角坐标、圆心角、弧度、弦、三角形等的关系，对辅助线的要求、大量的证明计算和综合能力的要求很高。

第七种，与圆有关的二次函数问题。这类题比较灵活，就看出题人的意图是什么了。一般以圆与二次函数的位置关系来求最值，中间加入三角形的全等、相似、动点等知识点，可以出非常复杂的难题。这类题如果都搞清楚了，基本上就很少会遇到不会做的题了。

第八种，二次函数的动态问题。动态问题，就是说形态不固定，有多种可能。比如说某抛物线，坐标轴上有一动点，求某两条线段之和的最值或对称轴上某一动点，求平面上有多少个点可以和这个动点及抛物线和坐标轴上的某两个（或一个）交点一起组成菱形（正方形、等边三角形等）。大部分的孩子光看题目就觉得无从下手，还怎么继续下去呢？

第九种，图形面积与函数关系式。这种题目类似于第八种，所问、所求不同，但题目条件都相似，只不过这类题目中会给出面积，反过来求某动点坐标或某几个动点形成某种形状（等腰直角三角形或等边三角形或等腰三角形等）后，求各动点的坐标之类的。一个动点还好说，几个动点就会复杂许多，不仅要会计算，还要能证明。题目看着简单，但比想象中难做。

第十种，双抛物线问题。双抛物线上的动点问题，一般都是要满足某种形状的图形，求动点坐标或者是求动点形成的面积与动点运动时间的函数关系。因为是在双抛物线上运动，形状不好预计,所以基本上都是考硬计算问题,同时大脑逻辑思维能力要强,否则仅凭空想是很难想象出来的。

第十一种,二次函数的最值和定值。在这类题中,经常会涉及待定系数法、轴对称、三角形的面积、勾股定理、二次函数的性质、方程思维及分类讨论的综合应用,一般来说,对孩子的综合素质要求非常高。最后一问求最值的题目难度可以出得比一般压轴题难好几个层次。

第十二种,新定义型问题。什么叫新定义型呢?就是在题目中给出一个你没见过的数学定义,比如,有三个内角相等的四边形叫三等角四边形。这个"三等角四边形"就是新定义,然后根据这个新定义来出题。本来这类题一般不会太难,但是这类题考查的其实不仅仅是数学知识,更考查语文阅读理解能力。如果阅读理解能力太差的话,那后面的几问就算再简单也拿不到分。

第十三种,操作型问题。这类题一般都是以数学实验操作为切入点,引入一些数学概念,然后根据一些重复性操作,要求孩子找出某些规律或证明某些结论。比如将一张长方形的纸按照某规律折叠或旋转后与原纸张之间的角度、长度或面积之间的规律,还有三角板的旋转等。这类题考查平移、旋转、轴对称、位移,需要用到数形结合、分类讨论、方程思维等各种数学方法,只有善于归纳总结找规律的孩子才有可能解出来。

以上就是数学压轴题的大致分类,大家看后是不是觉得很难啊?确实如此。不过压轴题虽然难,但是第一问是肯定会让孩子得分的,所以家长要鼓励孩子任何时候都不要被题目吓到,无论如何都要把第一问的分拿到。至于第二问和第三问的分,其实做不出来有一半的原因是孩子的语文阅读理解能力不过关,没有

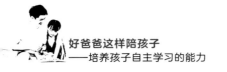

读懂题目。读懂了题目，其实心里就知道应该朝着哪个方向去解题，一般来说，第二问也是可以迎刃而解的。至于第三问，大部分都需要分类讨论，这是很多孩子非常讨厌却又不得不做的题目类型，这一问除了要分类讨论，有些难一点的还会加上相对复杂的计算，就算把各种情况都考虑到了，最后还有可能卡在计算上，不能轻易得满分。

所以，压轴题之所以称为压轴题，就是压在理念、立意、思想方法和计算上，只有这些方面都过关了，才有可能拿满分，无论哪一块欠缺，都会丢分。从这个角度来说，压轴题才是真正有"区分度"的题，需要大部分的孩子花心思掌握。

第八节　为什么很多人觉得初中的物理很难

为什么很多人觉得初中的物理很难？这其实有两个方面的原因，其中一个原因是学生的逻辑思维能力较弱，对于数学、物理方面的一些题目理解起来非常困难，但是该类学生在学习语言方面或者记忆方面又很轻松。如果是这种情况，那孩子要早做打算，高中选文科，避开物理。这是大脑机制的原因，并不是因为孩子笨。

另一个原因就是没有掌握学习物理的诀窍。学习物理的第一个要点就是概念清晰，每个物理概念的定义要理解记忆得非常准确，这方面要把物理当文科学；第二个要点就是各种基本公式，注意是基本公式，其他的公式都是基于这些基本公式推导演化而来的。每一个变量的定义要非常清楚，这是物理学习的基石，这个基础打得牢不牢决定了高中物理能达到的高度。

因为初中物理大部分都是定性分析，需要计算的题目不多，如果概念不清，很多题就无法判断正误，孩子无法决定采用哪个公式来计算，那做起题来自然就是发蒙的。而且这个问题初中不解决，到了高中依然是绊脚石，只不过高中的难度、深度都增加了，只会让孩子更加害怕物理。反之，解决了这个问题，到了高中孩子就可以轻易碾压小伙伴，可能别人刷几本题还不如你的孩子只刷几道题的效果来得显著。

第九节　提前学高中语法

高中对英语语法没有特别要求，所以老师在日常的教学中就没有系统地教语法，而是把语法混入例句中，每个单元都会零碎地有一些，其实有点像数学、物理一样，没有整体感。

对于学文科的人来说，有种方法还是可行的，没别的，就是每个单元都死记硬背。反正背单词也是背，背例句也是背，背熟了效果还是很好的，每次考试成绩也不会差。

但是对于学理科的人来说，死记硬背是一件非常痛苦的事情，尤其是没有一个整体框架和逻辑层次，这里背一块，那里背一块，背完之后也容易忘记。更何况理科生也不愿意拿出太多时间花在背诵上。

所以对于理科生来说，系统地学习语法就非常必要了。而且如果有时间能把语法的学习提前到初升高的暑假来完成，那上高中后学英语会轻松一大截。系统性地学习语法就像是数学、物理的甲种本一样，对整个语法结构、用法在一个清晰的认识，就知道很多例句为什么要背了，理解以后再去记忆就会非常容易且不

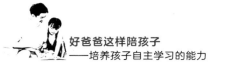

易忘记。

系统地学英语语法，说起来容易做起来难。学校老师既然不讲，那就要自己想办法，学习语法也要通过大量刷题来巩固。利用平时的碎片化时间来学习，效果是不好的，所以最好是在假期来完成，集中学习，集中刷题，免得高一、高二做起题来迷迷糊糊，考好了不知道为什么，考差了也不知道为什么。

语法不过关，分数就不稳定，不知道为什么这次做对了，下次又做错了，完全凭语感。要想成为学霸，语法要过关，切记切记。

第十节　初中史、地等这类小科该怎么学

1. 关于历史

大家都知道，初中的历史基本上是按照时间线来上课的，那在中考前的历史学习中也应该按照时间线来记各种历史大事件，包括发生的时间、具体的背景、产生的影响等平常的月考、期中、期末考试基本上都是按照当时具体所学的内容进行考试。

每周上的历史课内容，一般也就两节，最多三节。其实摊到每周或者每天来说，你要记的内容并不算很多。

当天上完新课后，把课本内容记一下，顺便做一下学校的配套作业，基本上就记得七七八八了。如果提前学过，那就更加印象深刻了。

按照时间线来学习、记忆课本内容主要适合单元、期中、期末考试，对于中考来说，这种方法不是很合适。在中考复习前，大家就应该把课本上的历史事件按照时间顺序记得差不多了，而

在中考复习时就不要再按照时间线来复习了，应该按照历史上的大事件（包括时政要闻）来重点记忆和分析，因为中考的重心在材料分析上，包括选择题和材料题。各省的分值都不同，题量也不同，总分从50分到100分的都有，但分值比例大致都是选择题占40%~50%，材料题占50%~60%。

在所有的选择题中，几乎不考具体的时间发生的历史事件，基本上都是根据题目意思来分析，然后给出答案。

材料分析题就更不会考时间了，都是根据材料分析作答。其实这类题目的答案基本上都是有套路的，根据套路作答，将每个知识点答到就可以了，不需要长篇大论。

说起来容易做起来难，这类题一般要在平时多做相应的答题训练，包括老师平常讲解的答题技巧或模板，也是离不开多做题，多记。做得多了，答题时就有感觉，就容易答到点上，容易得高分。

平时的考试可能和中考题不完全相同，但大家还是应该以中考题型为主进行训练，毕竟最后要面对的还是中考。

做题应该以本省份的模拟题以及历年本省份各地的中考真题为主进行训练，做完对答案时多思考一下答案为什么要这么答，自己的思路和答案有什么区别，要找出原因，不要像完成任务那样为了做题而做题。

2. 关于地理

在学习地理之前，首先要买个大一点的地球仪。这个地球仪是干什么用的呢？首先，让孩子对地球有个整体的认识，知道七大洲四大洋分布在哪里，形状大致如何，经线纬线是怎样的，

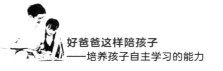

各个洲的国家有哪些,等等。很多知识都可以从地球仪上得到验证。

其次,学习使用地球仪,这样脑中的地理知识就有了整体的框架,所有的知识都逃不开这个框架。在这个框架内,再来结合课本学习具体的知识才不会发蒙,甚至有很多题都可以直接从上面得出答案。

举个例子,西班牙和日本的纬度都差不多,都在北半球,两个国家都有漫长的海岸线,但为什么冬天西班牙温暖如春,而日本却大雪纷飞,寒冷异常呢?这种题如果你直接翻书可能都找不到答案,但如果你从地球仪上来看,就能很容易找到答案。

原来西班牙处在大西洋暖流北上经过的地带,赤道附近温暖的海水和空气被源源不断地送到西班牙的海岸,加上海水的比热容比较大,所以就使西班牙的冬天比相同纬度的国家要暖和多了。

反观日本,一条从北极下来的千岛寒流一路直冲到日本海岸,源源不断地带来寒冷的海水和冷空气,所以日本的冬天特别寒冷。

最后,在平时的学习中,参照历史的学习方法,当天学到的内容当天消化,不要拖延,免得越积越多。攒到一起太多了,就算是学霸,一次也记不住。

一定要记住,小科的学习就是要化整为零,把背诵和记忆的压力切割成小块,每次少记点,多重复几次,就比较容易记住了。

当然,最后中考还是要考综合性比较强的问题。这时结合地球仪、各种放大的区域地图,还有课本上的知识,以地球为整体框架,把中国部分和世界部分的各个分散的知识点填回到地球上，基本上问题就不大了。

中考地理题并不难，每次中考地理得满分的孩子也是一大堆。所以不要太担心，立足课本，结合地球仪来理解，地理是不难学的。

第十一节　初中生期末复习的科目顺序

初中的课程多，内容多，不可能做到像小学那样面面俱到，所以在期末复习的过程中要分清轻重缓急，有的放矢。

按照重要程度来分，最重要的是数学，物理次之，化学、生物、历史、地理在第三梯队，语文、英语在第四梯队，政治最后。

有家长会问，为什么要把语文、英语放在生物、历史、地理的后面呢？其实按照课程或中考的重要程度来说，语文、英语确实更重要，和数学一样重要，但对于期末复习的重要程度来说，却没那么重要，为什么呢？因为语文、英语需要记的内容不算太多，孩子平时也都有足够的时间来学习、复习，再加上这两科靠的是平时的积累甚至是小学的积累，在期末复习这么短的时间内，很难有大的提升。如果此时把大量时间花在语文、英语上，提分不明显甚至不能提分，而其他真正需要时间来复习的科目就没有足够的时间，造成可以提分的科目没机会提分，白白浪费时间，从考试的角度来说，性价比太低。

数学放最前面，大家应该都没意见。因为内容多，平时可能掌握得也不牢，期末多复习一下，按照之前说的方法，多多少少会有效果，至少要把该得的分都拿到手，才算成功。

初中物理计算题不多，概念不少，复习内容不算多，但需要

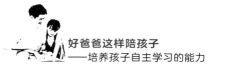

花时间理解的内容还是有一些的。所以在时间安排上要稍微多一点，确保尽量多得分。

化学、生物这两门课并不难，但如果课本上的知识点、概念没记清，要想得高分也不容易。所以需要花时间进行复习，当然也要结合题目来帮助记忆。

历史、地理除了大量的基础知识需要背，历史的论述题、地理的计算题也是要花时间去理解记忆的，但还好，这类题不算太多。

所以这几门科目可以平均分配一下时间，基本上可以都过一遍。政治就不多说了，拿着考试提纲一通乱背，每天背一部分，一个礼拜搞定。基本上按照这个原则来制订复习计划，效率会高不少，孩子也不会那么焦虑而无从下手了。

第十二节　高一该如何来学习数、理、化这类理科科目

高中的数理化不同于初中的数理化：数学的难度和范围都明显加大，还加入了立体几何和解析几何；物理虽然大部分概念初中都接触过，但大部分都比较浅显，很多都还只是定性分析，涉及定量的计算非常少，高中物理相对这三科来说是最难的；高中化学相比初中化学也是分得更细，计算题也变多，还加入了比较难的有机化学。

所以很多在初中可有可无的学习方法在高中就显得比较重要了。首先，我要强调的是在高中上课听老师讲课这个环节非常重要。其实，绝大多数同学很认真地听老师讲课，但是为什么同

一间教室，同一个老师讲课，不同的学生学出来的效果却天差地别呢？以数学为例，有考六七十分的，也有一百分上下的，还有一百二三十分的，当然还有更厉害的一百四十分以上的。

这里就有一个学习方法的选择。考一百四十分以上的学生，大部分都会在初中或者初升高的暑假就提前学习了高中的内容，并且经过一定的练习，基础知识这部分掌握得比较好。然后跟着学校老师过第二遍，温故而知新，这时能把之前有些理解得不是很透彻的部分也掌握了，整个基础就更扎实了。

对于没有提前学的同学来说，已经错过了，应该怎么办呢？

我们还有第二套方案，可以帮孩子尽量缩小和学霸之间的距离。

首先，预习，分两块，一块是先将课本上的知识点、概念搞清楚，最基本、最表面的知识要先熟悉，另一块就是要善于借用一些教辅来帮助理解记忆这些知识点。

在这里我重点推荐一种教辅——《学霸笔记漫画图解》（各科都有）。这本书好在将高一到高三要用到的所有知识点都提炼出来了，让孩子一目了然，关键是明白易懂，方便预习。预习时注意抓基础，那些难题、拓展题之类的就不要看了，只会浪费孩子的预习时间。

预习过后就是上课听讲了。预习后听讲会觉得相对轻松，但此时不是放松的时候，这时更应该紧跟着老师的思路，多听听老师对这些知识点的讲解和自己的理解有什么不同，同时要积极思考，看看能有什么不同的领悟。当然，与此同时，还要认真地做课堂笔记，因为毕竟高中的知识点多，一堂课下来，自己也未必能全部记住，就算当时记住了，也难保不会忘记，所以笔记要认真记。

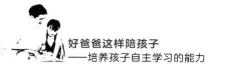

最后，就是课后练习和总结了。课后练习包括老师布置的作业和自己另外买的题目。一般情况下，上新课后主要还是以老师布置的作业为主。因为作业一般都是以基础题为主，做这类题对自己熟练掌握并运用知识点是很有帮助的，针对性比较强。总结是什么时候做呢？不需要每天上新课就做，主要原因是等一个章节差不多讲完了，除了基础题外，还会出现一些综合题，这时就应该针对不同题型来总结解题方法和思路，提高自己的能力。

第十三节　高一下的数学和物理

高一下的数学在难度上比高一上还是要增加不少，前面我也说过，高中的题目是讲方法、讲套路的，这些方法、套路又是建立在归纳总结的基础上的。但仅有方法、套路还是不够的，还得要积累，把具体的知识点、题型、解题方法、易错点、相似辨析点进一步提升，形成一套自己的解题体系，并且还要在后续的不断练习中，不断完善优化自己的解题体系。

相比于数学，高中物理的知识点算是非常少了。高一下的物理，看起来内容很少，但要想真正掌握也是很不容易的。

高中物理基本上有三大块：运动学、力学、电磁学，里面涉及的基本公式屈指可数。简单举以下几个例子。

运动学：匀速直线运动、匀变速直线运动、曲线运动（圆周运动）。

力学：重力、弹力、摩擦力、浮力、万有引力定律、开普勒三定律、牛顿三大定律、能量守恒（机械能守恒）、动量定理和动量守恒。

电磁学：库仑定律、电场力、洛伦兹力、安培力、楞次定律、法拉第电磁感应定律（动生电动势）。

以上几个公式，几乎能解决高中物理的所有问题。物理的难点不在记忆公式，也不在记熟概念，而在于对物理过程的理解。如果对物理过程不了解，研究对象又没搞清楚，那就不知道该如何去列方程，更别提该怎么解了。

在一个学习阶段结束后，要及时归纳总结物理模型和题型，并且要搞清楚每一种模型和题型对应解决哪种物理过程。这些必须整理出来，否则就算搞清楚了物理过程，但不会套用模型和题型，不仅增加了思考的过程和时间，还也有可能会列出错误的方程，最后导致错误的结果。

要想提高做物理题的速度和正确率，除了要把概念公式记清楚，物理过程搞清楚，套用模型和题型搞明白，还要形成一套自己的做题体系。这套体系是抄不来的，只有通过自己不断归纳总结，不断练习，不断完善，才能形成。这时不管哪种题目，只要开始看题分析，就会自动导入自己的体系中，分析物理过程，然后快速套用模型和题型，最后解出正确答案。

其实要想形成自己的体系也不是一朝一夕的事情，一个学期不可能形成自己的体系，必须通过不断归纳总结，验证修改，最后才能形成自己的体系。一旦自己的体系形成，基本上也就跻身于高中学霸之列。

🎓 第十四节　不同层次的孩子如何做数学题

做数学题时，有很多孩子比较急躁，很多时候题目都还没看

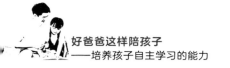

完就开始动笔做题，对于题目中的坑根本就没看清，然后一脚踩进去，会做但得不到分。孩子性格急躁，急于表现自己，纯属做题习惯不好。这类孩子大脑聪明，思维敏捷，反应快，但要好好改一下坏习惯，否则学起来虽然轻松，但很难得高分，长期在中游或中上一点的位置，比较难前进，但潜力很大。

情况好一点的孩子，一般读题会比较仔细，这类坑一般都会尽量避免。但是对数学学习的整体情况不了解，只能就题做题，老师讲过的题，做过的题、同类型的题一般都会做，但如果题型稍微一变换，孩子就不知道怎么做了，似曾相识但又不知如何下手。这种属于做题习惯很好，但是不善于总结分析，无法举一反三，不识变通。这类孩子如果不在思维方式上有所拓展，学霸的地位也就止步于初中，上了高中，理科肯定直线下降。

层次再高一点的孩子，一般的坑也不会轻易去踩，他们对所学的数学体系有整体的认识，理解能力虽然不是最强的，但非常善于归纳总结，并且能把所遇到的各类题型的解法牢记于心。但这类孩子的思维拓展能力不是很强，大部分靠的都是非凡的记忆力，把各种公式、方法、题型都记住，考试时遇到各种题型、变式都能轻松应对。在高一、高二时属于学霸行列，但到了高三就有可能会排名下降，但总体仍在学霸行列。高三上压轴题后，对综合解题能力要求就非常高了，这类孩子对解这类题也会头痛，因为很多方法只能解决部分问题，无法拿到满分。

应对高考最高层次的孩子对数学的理解是解题思路。在普通孩子眼里像迷宫一样的压轴题，在他们看来就像是从迷宫的上方看，全部由一条条的线索构成，只需要照着线索往下做就可以了。解题方法、题型、举一反三同样具备，但解题思路是他们的终极武器，见招拆招。任何题目要考的是什么，他们一眼就能看出，即使从没见过的题型也可以像剥洋葱一样一层一层地解开。这是顶级学霸应该具备的能力。

第十五节　小学英语词汇过6000个，高考就高枕无忧了吗

家长应让孩子在小学就提前学英语，争取小学毕业时英语词汇能达到6000～8000个的水平，这样初中、高中的英语就可以吃老本，把时间省出来给其他的科目。

从策略上来说，这是非常正确的，但有些家长在理解上有些偏差，觉得只要把英语教到这个水平，高考满分就志在必得了。其实高考也远远没有大家想的这么简单，觉得词汇量超过高考要求的3500个差不多一倍了，那考试还不是如同探囊取物一般？

这是认知上的错误。首先，高考不是考单词，不能简单地把词汇的量等同于分数的高低，如果家长和孩子存在这样的想法，那别说高考了，就连高中的月考、期中、期末考试都别想拿高分。

下面我就简单地把高中英语学习需要掌握的内容跟大家说一下。

第一，从词汇说起。小学学了6000个词汇，其实按照高中的要求来说，实际上是没有达到这么多的。词汇的学习是零散的，而且也不是单纯地指某个单词，还包括和这个单词相关的固定搭配、熟词生义等衍生出来的各种意思。高中阅读理解中最喜欢考

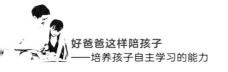

的词汇就是熟词生义,就是这个词的普通意思大家都明白,但在这里用了这个词很少用的那个意思。由于这个意思使用频率低,很多人根本就不记得,所以面对看起来熟悉的词,理解时却南辕北辙,得不到分。

针对这种情况,孩子要利用好各种碎片时间,包括早读、饭后、睡前等时间,将高考要求的3500个词汇的所有意思都要背熟,尤其是不常用的意思。只有这样,才能避免这种情况的扣分。

第二就是语法问题了。虽然现在高中也没有刻意去要求语法的掌握,但在实际考试中,关于语法的题目还是有一些的。如果没有系统性地学习语法,那在考试中,这类题就需要通过语感来答题了,感觉好时得分高,感觉不好时得分低,不能做到稳定地发挥。

高中的英语语法主要包括三大从句、非谓语动词、特殊句式(强调/倒装)及虚拟语气。所以建议有条件的话还是尽量在初中就把这块的语法系统地掌握,避免成绩忽高忽低。

第三是没有形成自己的做题体系,所以会出现"看得懂,做不对""刷了题,还是错"的学习瓶颈。有的孩子的词汇量、拓展知识都远远超过高考的要求,语法也提前掌握了,文章也都能轻易看懂,题目选项也都明白,但一选就错。即使非常勤奋,努力刷大量的题,也还是没有效果,该错照错。

为什么会出现这种情况呢?难道是语文的阅读理解没学好吗?确实是的。英语也是应试化的考试,所以也是需要有做题技巧的。比如说完形填空,文章可以读懂,每个选项也都能正确翻译,拿到文章中也都是通顺的,可为什么正确答案就选不对呢?

这说明完形填空不是单纯的翻译题，也不是简单考词汇的意思，答题的关键是要看上下文的衔接和呼应。所以做这类题就应该要像做语文阅读理解一样，根据套路答题，才能答到点子上，从而选出正确答案。所以刷题不能简单求量，要经常反思，要形成一套自己的做题体系，这样才能把词汇量大的优势给体现出来。

在阅读理解题中，最容易弄错的要数长难句了。针对这种情况，平时就要有意识地去锻炼自己分解长难句的能力。可以把平时遇到的长难句集合起来，反复练习揣摩，找出分解的方法，融入自己的做题体系中去。通过平时的积累，在考试中才能又快又准确地去理解句子的意思。

第四就是关于作文的问题。一般都是大、小两篇作文。小作文一般都是应用文，大部分是写各种信，比如邀请信、感谢信、推荐信这类的。大作文一般都是续写之类的。应用文如果想要写好，不仅要积累好词好句，而且要记一些好的模板，这样写起来轻松且得分高。大作文建议累积一些高级句型，但不要用那些晦涩难懂的长句子，就像语文作文一样，不仅要求情节和描写都要有，并且要合理运用，不要显得干瘪无味。

得高分的另一个条件就是书写，字写得漂亮，得分也会高不少。因此，千万不要忽视英语书法的练习。

以上只是非常简单地说了一下高中英语的特点。对于从小就积累很多词汇量的孩子来说，提前了解，提前准备，形成一套完整的做题体系，才能继续保持自己的优势，争取高考能拿到一百四十分以上甚至满分。

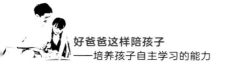

第十六节 如何使用二级结论

关于二级结论的运用,很多家长可能是第一次听说,这里的二级结论主要是针对数学和物理来说的。

首先,我们来说一下什么是一级结论。一般来说,课本上的概念、定理、推论等明文一条条写出来的都算是一级结论,换句话说,从课本上直接学到的知识都属于一级结论。

那二级结论就是相对于一级结论来说的。一般来说,课本上被砍掉的内容,或者是课本上的一级结论经过推导、变形、化简、换算,甚至是利用高阶知识对这些结论进行的计算,当然,还包括某些做题的经验等,都可以算作二级结论。

那为什么会用到二级结论呢?一般来说,孩子是根据课本的概念、定理和推论来进行解题的,但很多时候,做的题目并不能通过课本的知识直接得出答案,这中间可能需要进行公式的推导、变换、证明等一系列的过程。如果是在计算和证明题中,这个过程是必不可少的,否则会因为过程不全而丢分。但是在选择题和填空题中,如果孩子对各种二类结论比较熟悉,那就可以节省大量的推导和计算过程,直接套用二级结论得出答案,从而节省大量的时间,还可以避免在推导和计算过程中出错的风险。

这种情况在初中还不是很明显,这是因为:首先,初中的选择填空题非常基础,难度小,基本上用不到二级结论;其次,初中数学、物理的难度相对较低,也没多少二级结论可以拿来直接用,所以在初中用不用二级结论对成绩的影响非常小,主要还是以牢固基础为目标,不要想着靠二级结论来走捷径。但是对于那些学霸,做压轴题这类题目时,记住一些二级结论可能对思考解题思路有一点帮助,稍微能提高点全做对的概率,除此之外,用处不明显。

但是二级结论对于高中的数学和物理来说,还是会有很大的帮助的。首先,高中题目的难度比初中大得多,每道题都要通过推导计算才能得出答案,所以影响考试分数的一个重要原因就是做题时间不够,如果时间足够长,我相信很多同学还是可以考高分的。

那此时,这些二级结论就显得非常重要了。如果孩子能熟练掌握这些二级结论,那么孩子在考试中的选择填空题上就能节省大量的时间,同时可以提高做题的正确率,要知道高中的选择填空题的分值比初中可要高多了。不仅如此,用节省出来的时间做后面的难题,这种优势可想而知。所以数学、物理虽然总分只有二百五十分,但这两门课的考试成绩很容易出现五六十分的差距。

既然大家都知道二级结论这么重要,那大家怎么都不用呢?直接记二级结论不就好了吗?大家把这件事想得太简单了。如果二级结论这么好用,那考试时大家不是都能考高分了吗?但实际情况是很多人都觉得很难考高分。

二级结论有两个特点限制了大家的使用。

第一个特点,二级结论特别多。高中数学的二级结论大类分了55个,加上里面的小类,二级结论差不多100个。物理的大类不多,十几个,但二级结论有100多个。如果孩子的记忆力不好,光是记这些二级结论就能让他痛不欲生。

第二个特点,二级结论的使用受条件限制,也不能乱套用。这实际上对使用二级结论提出了非常高的要求。即使这些二级结

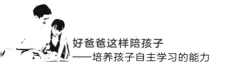

论孩子都背下来了,但如果不清楚在什么情况下用什么,可能会让孩子纠结到底该用哪个二级结论来做题,反而会更拖累做题速度,甚至影响正确率。

所以,能使用二级结论的前提是孩子对高中数学、物理的基础知识运用得非常熟练。这实际上还是回到了原点,孩子的基础不扎实,即使有好的武器也不能用,否则可能会伤到自己。就好比是双截棍或长鞭,你会用,拿来攻击或防身都很不错;你不会用,动不动就会打到自己。

话说回来,二级结论是不是就不能拿来用了呢?当然不是,虽然二级结论对于参加过高中数学、物理竞赛的孩子来说,用起来得心应手,但除了天赋异禀,还是需要通过大量的难题计算,在计算中频繁使用,才能熟练运用的。普通孩子平时也不可能在这类训练上花大量的时间,所以也不可能做到像他们那样利用二级结论快速做题。

那么,如何利用二级结论来提高考试成绩呢?要做到以下两点:第一,对于做题中经常出现的高频二级结论要记熟;第二,对于使用条件单一的二级结论要记熟,其余的二级结论就大方地舍弃,不要太贪心。一般来说,这对提升分数还是有帮助的。

第十七节　要按照考试标准做往届真题

大家要让孩子注意,期末复习时如果选择做前几届的真题,建议采用和考试时一样的要求来做题,这样孩子才能真正知道自己在实际考试中可能会遇见平时复习检查不出来的问题。也就是说,在相同的条件下才能看出来自己到底有没有复习到位,还有没有什么问题没注意到，甚至一些考试时不好的习惯也会暴露出来。

如果真的遇到这种情况，让孩子不用沮丧，应该感到高兴。因为问题提前暴露出来了，给了孩子机会去改掉它，可以避免真正考试中再次出现类似的问题，这相当于给了孩子第二次机会。

有时考试丢分并不是丢在知识点的掌握上，而是丢在了一些不好的考试习惯上。比如粗心大意，读题不仔细，把条件看错、数字看错、题目意思理解错；比如计算不打草稿，直接心算，跳步骤，平时做作业没有限时，没有压力，可能不会错，或者错了能检查出来，但考试时可能就看不出来；比如考试时没有合理分配时间，导致最后有的题目没时间做而丢分；比如更低级的错误，把名字、学号都填错，答题卡涂错；等等。

要重视做往届真题，但要会使用才能发挥它的真正作用。

第六章
关于初中的学习习惯

第一节　小升初暑假到底该怎么学

有很多小学生家长一听说很多孩子小学就开始提前学初中的课程后,就开始焦虑,觉得自家孩子从此要落后别家的孩子了。人家都已经抢跑了,自己再不跑就要被甩得很远了。

属于这种情况的家长,先不要急着让孩子去提前上初中的课(包括自学),当务之急是想办法让孩子上一个心仪的初中才是你该焦虑的事情。

考上一个心仪的初中是小学生的首要任务,考试是终极目标,其他任何好的学习方法、好的教材、好的视频、好的App都是为考试服务的。

在这个基础上,再来考虑上初中之前应该具备哪些技能。小学的这部分不是我要讲的重点,所以略过。

我要讲的是如何利用好小升初的暑假,为后面的初中生活做好准备（前提是孩子已经考入自己心仪的初中）。

有了下面说到的方法，即使孩子之前完全没有任何初中的知识，也是可以学得很好的，甚至会比更早学初中知识的孩子学得还要好。

大家都知道记忆的遗忘曲线——艾宾浩斯遗忘曲线，讲的是记东西后遗忘的情况。孩子可以根据遗忘的特点在不同的时间间隔中加深印象，避免遗忘。

小升初的暑假期间，可以花20～30天的时间集中学习七年级上学期的课本知识，然后在剩下的时间里复习和巩固学过的知识。

在家自学的这种方式要有一位家长能全程监督，否则就不适合自学，或者说自学效果要大打折扣。

首先，自学的工具书、练习册要准备好。工具书主要就是之前推荐的《教材全解》，练习册要用和课本同步的那种。

按照练习册里面的章节安排每天写1～3节，在写之前首先要将课本对应的那章节仔细地看1～2遍，然后对着教材全解将所有的知识点全部看懂，之后再来做题。

语文、数学、历史、地理、生物都可以这样做。英语可以按照之前自己学习的进度接着学，不用管课本，如果之前没有学英语，也可以这样做。政治就不需要了，开学后按照老师发的考试提纲每周认真背就行了，不用额外浪费时间。

家长要把孩子每天的学习计划列出来，详细到10分钟，教孩子每天做一项就打钩，标注时间，家长下班回来检查完成情况。孩子每天的作业要批改，做错的要订正，不懂的要讲解，力争让孩子在第一遍学习中把基础打牢。

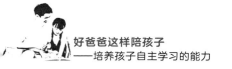

暑假期间,孩子最少要完成前半学期的上课内容,能力强的可以往后再学一点,但也不用往后学太多。如果孩子觉得轻松,那就把难度提高(特指数学)。

我为什么不建议往后学太多呢?因为人是容易遗忘的,学太多,忘得也会多。只学半学期的进度就比较合适,开学后,老师讲第二遍时,孩子大部分都还记得,这时孩子在课上的参与度就会高,不仅会有成就感,而且理解更深刻,记忆也会加深。

这时孩子就会感觉良好,从而更愿意投入学习,考试成绩就好,从而正向反馈,推动孩子主动学习。

我作为过来人,请各位家长不要焦虑,不管做什么都是有方法的,学习学霸的成功经验,会让孩子少走弯路,减少试错的成本,何乐而不为?

第二节 课堂笔记该如何记

关于课堂笔记如何记,这其实也是很多同学感到困惑的问题。

(1)工欲善其事,必先利其器。课堂笔记本建议选用活页的,一是方便拆装和增减页面,二是写反面时比较平整,方便快速书写。

(2)建议选择B5大小的笔记本,这样空间比较大,方便后期整理。

(3)最好用2~3种不同颜色的笔,对笔记内容进行分类,方便日后查找复习。

(4)很多人觉得课堂笔记就是要一字不漏地抄老师的板

书,其实这样有利有弊。有利的是方便课后整理笔记,不利的是老师的板书也未必全面,有些很重要的内容或扩展的内容都是老师直接说的,如果太过认真地抄笔记,反而会容易没有听全上课内容,顾此失彼。所以,抄笔记的字迹不用太工整,笔记是给自己看的,自己能看懂就行。另外,有些科目的板书以内容为主,不需要整句话抄写,此时应以抄关键词为主,课后再整理,补全意思。

(5)笔记抄写切忌写得又密又小,一定要留出足够空间给课后整理笔记时用,否则日后复习笔记时自己都看不清。

(6)每天整理完笔记后应该预习第二天上课要讲的内容,这样熟悉内容后也会提高记笔记的效率。老师讲孩子预习过的内容,孩子如果已经理解了,就不妨碍他抄笔记了,不怕漏听板书上没有的知识。

(7)认真做课堂笔记,可以强迫自己认真听老师讲课,提高注意力,万一思想开小差了,还可以课后复习时回忆起一部分。所以一定要重视课堂笔记。

第三节　如果孩子在七、八年级就开始列计划

如果孩子在七、八年级就开始列计划,经过长期的训练,到了九年级,正常情况下,应该就可以不用家长的帮助就知道自主安排学习了。

如果孩子能达到这种状态,九年级的家长就可以考虑明面上开始放手了。什么是明面上放手呢?主要就是每天具体的学习安排让孩子自主决定,家长只简单了解一下就可以了。家长要做的

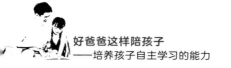

主要工作就是把孩子每周、每月要学习完成的课内课外知识安排好，包括各科做什么教辅等。然后让孩子在这个框架内小范围地自主安排，并且要能够按照自主安排的学习计划每天按时按量完成，不合理的安排自己以周为单位进行内部调整，逐渐让孩子适应并能很好地完成自主安排的学习计划。

这么做的目的不是减轻家长的陪学负担，而是主要培养孩子自主学习、自己计划的习惯。这个习惯也不是为了九年级用的，因为九年级的主要任务是中考。这个习惯是为了将来上高中时用的。我做任何事情都喜欢未雨绸缪，喜欢从更长远的角度来考虑问题。

为什么这个习惯对于高中非常重要呢？要提前这么长时间来养成呢？答案就是因为高中是有晚自习的。有些高中周末还会安排两天的自习。在这些自习时间里，只是完成老师每天布置的作业，是远远不够的，还要自主地去学习。

作业做完后还有多余的时间，孩子拿来干什么？高中的自习老师是不会给学生布置其他的学习任务的，需要学生自己安排。如果孩子习惯了让别人来安排自己的学习，那这段时间里他就不知道自己要干什么。

每天晚上六点到十点全部由自己安排，除了个别老师会讲一点课、部分固定时间会安排一些各科测试外，其余时间都得自己学习。如果孩子不知道怎么安排，就会看别人做什么自己就做什么，但每个人的学习情况又不同，盲从就不适合自己。高中时间是非常宝贵的，没有多少时间可以浪费，如果要花一两个学期才学会自主安排学习，无形中就拉大了和那些会自主学习的同学之间的差距。

在高中，家长能帮的非常有限，基本上没什么能力来帮助孩子安排时间，很多家长甚至连高中题目都看不懂，也辅导不了。关键是高中的学习和初中也完全不同，若家长拿初中的那套来帮孩子，也起不了多大作用，只能干着急。

所以把事情考虑到前面，把该做的准备工作做到前面，让孩子具备该具备的能力，那到了高中，孩子就会很快适应，就更容易学得好，超过那些没准备好的孩子。

第四节　期中考试复习计划

大部分孩子对于期中考试，可能并不怎么期待，甚至有些害怕。原因有很多，究其根本主要还是觉得自己前面的知识掌握得不够牢固，害怕考得比别人差。

但是就算不喜欢考试，考试始终还是要到来，怎么办呢？趁考试前的一段时间，好好规划一下该怎么复习，让自己能考出一个理想的成绩。

在规划复习计划时，要先将文理科分一下类，因为文理科的复习方式完全不同，需要在上面花费的时间也不一样。另外，还要根据自己对每科的掌握情况来合理分配时间，前面基础知识学得比较好的科目，在基础知识的复习上可以少花费甚至不花费时间，对于基础知识学得不好的科目，就要额外多加一点时间来复习巩固了。

首先，我们来看理科类的数学、物理、化学这三科。数学由于平时课时比较多，所以基础类的知识，比如一些定义、运算法则、公式、定理在平常的上课和作业中已经反复地运用过，基本

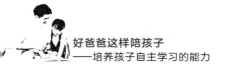

上大家都比较熟悉了,而且考试中基本上不会针对这种概念性的知识单独出题。所以不需要在这类知识上花费大量的时间,在复习阶段只需要把课本过一遍就可以了。

那数学应该重点复习哪些方面呢?第一,最需要复习巩固的就是错题本,如果错题本平时记录的错题较少,那还需要将前面各种大小测试卷、作业中出现的错题单独挑出来,然后一题一题地再做一遍,看之前没掌握的错题现在是不是都掌握了。如果还有没掌握的错题,那就要重点反复琢磨,直到最后能迅速地做出正确答案为止。第二,在每天巩固错题的过程中,如果错题不是很多,可以抽时间来做3~5套的期中模拟卷或前几年的期中考试真题,熟悉一下期中考试的题型分布,顺便合理规划一下各类题上预计要花费的时间,做到心中有数。这几套模拟卷或真题中出现的错题也要弄懂弄通,不留死角。

物理和化学这两门课在期中复习期间,第一,要针对课本把每个章节出现的各类定义、定理、公式等各种概念性的知识全部过一遍,并确保都能准确记忆。初中的物理、化学都不是很难,很多出错的题并不是因为计算错误,而是由于概念不清、公式换算单位不规范等造成的,而且不易检查出来。第二,重点复习老师的课堂笔记,要把重点例题搞清楚。第三,复习错题本,方法同数学一样。

其次,对于文科的语文和英语,我们分开来讲。因为语文是一门重视积累的课程,所以在复习时很多人不知道该怎么复习。课本上要复习的主要是生字词组,需要背诵的课文、文言文、古诗词,各种字词的用法、意思及翻译。此外,课堂笔记要整个翻看一遍,把老师课堂上强调的重点记熟。然后做一些阅读题,不用太多，保持一下做题感觉就行。最后，有时间的话，可以看一些真题的作文题是怎么出的，如果自己来写大概要怎么构思，基本就可以了。看再多也无法在短时间内提太多分，只要保证基础题尽量不扣分，阅读题争取多拿分，作文尽量不跑题，就是胜利。

再次，对于历史、地理、生物三门小科来说，主要是依托课本上的重点内容和课堂笔记，把内容合理地分摊到两周的时间内，每天都背，但不要背太多，容易记不住。此外，还可以翻看一下作业和前面的考试卷等。

最后，对于道德与法治，主要是熟记、背诵，如果老师划了重点，就背重点。

以上建议主要针对平时掌握得不好的孩子，对于学霸，按自己的方法复习即可。

每天除了完成学校布置的作业，能另外抽出2～3小时进行复习，基本上就足够了。如果完成作业都有难度，那就不用考虑这些了。

第五节　期末复习该如何下手

很多孩子不知道期末复习该如何下手，我的建议有三条。

第一，立足课本，把所有的课本知识点过一遍，看看有没有什么遗忘或不会的，如果有就赶紧补起来。怎么补？先把课本上遗忘的、不会的多看几遍，需要背的就背，然后把思维导图用起来，看看自己是不是真的记住了。最好能结合教材全解这类教辅，一是有知识点的梳理，二是有相关例题，三是有配套习题。

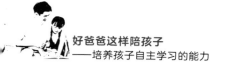

这部分就叫查漏补缺。

第二，翻看平时考试的各类试卷、错题本，把平时容易出错的地方反复多看多思考，为什么这类错误总是出现，期末考试再出这类题自己能不能不出错。然后就是仔细琢磨一下自己在每次考试时哪些习惯比较好，哪些习惯不好。好的习惯就继续保持，不好的习惯就想办法改。这部分就叫总结反思。

第三，把之前的笔记和好题本拿出来反复看看，有些题可以再动手写写算算，看有没有什么新的理解和感悟。有些题之前可能有难度，不容易想出解法，或者解法太巧妙，答案虽然简单，但思考过程却很复杂，现在再看，发现其实还有其他相对简单的做法或者自己突然感觉豁然开朗。这部分就叫温故而知新。

第六节 期末复习期间不要做的事

在期末复习期间，有几件事要注意别去做。

第一，大量刷新题。此时本学期的课本内容基本上学完了，很多孩子这一个学期都没有时间把这学期所学的内容很系统、很全面地复习一遍，如果此时还在继续刷新的题目，只能增加错题数量，并不能帮助孩子全面地提高。

此时孩子最应该做的就是立足课本，把课本上的知识系统地过一遍，梳理一下还没有掌握的基础知识。先将这块重点复习，将有缺漏的知识点补起来。然后，请出复习宝典——错题本，同样，先将错题本上的错题全部做一遍（不看答案），然后将完全会做的剔除，再接着梳理第二遍。尽量将错题都搞懂，错误原因分析清楚，避免考试时遇到同类型的题再次出错。

如果还有错题不理解，这时就应该去问学霸或老师，争取让他们给你讲清楚，力求考试前不留死角。

第二，没有计划地胡乱复习。复习的同时，学校还是会布置大量的作业，留给学生自己的时间并不是很多。如果漫无目的地这里写一点，那里看一点，没有系统性、整体性，"东一榔头，西一棒子"，就非常混乱，没有头绪。最后时间没剩多少时才发现自己好像什么都没有复习，又好像什么都看过却什么都不记得，直接影响考试心态。到考试时本来会的题也不会做了，怎么可能考得好？

但话说回来，怎样才能系统性地复习呢？这里要给大家介绍思维导图的方式。首先，把课本上所有的知识点过一遍，然后不看课本，将每个章节的知识点凭记忆一条一条列出来，再将所有知识点汇总合并，构成一张思维导图。最后与课本知识点作对比，发现自己哪里有记忆错误，就及时纠正，再凭记忆画出来。此时课本上所有的知识点都系统地呈现在记忆中了，而且很难忘记。每个知识点在导图中的位置都一清二楚，闭上眼睛一回忆就出来了。

第三，长期熬夜，疲劳苦学。人的身体在经过了长时间的工作或学习后，是需要休息的，大脑也需要通过休息来将脑中的代谢废物通过脑脊液排出。如果休息时间不足，大脑没有足够时间将代谢废物排出，人体就会给大脑释放信号，强迫其休息。此时再熬夜学习也没多大用——一是效率低，做题或复习很慢；二是很多知识都是在迷迷糊糊中记的，第二天会发现根本没记住，还得花费时间再记。

打疲劳战不是好办法，提高学习效率才是正确的方法。要懂

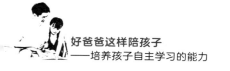

得每天科学安排学习时间才能做到事半功倍，省时高效。每天早上六七点是记忆力最好的时间，可以把这个时间拿来记那些难记又必须记的内容。下午六七点的记忆力也不错，此时来复习当天新学的知识效果最好。晚上九点大脑效率高，此时来做难学的科目或难题效果最好。

所以，孩子如果能避开这些学习的坑，那么复习起来就会比较轻松，也会很有效。

第七节　从中考角度来确定学习习惯和学习方法的顺序

我为什么一直强调初中生应该首先注重学习习惯，然后才是学习方法呢？其实这主要还是从中考的角度来考虑的。对于名列前茅的孩子来说，不管是初中还是高中，思维方式永远是第一位的，而具体的学习方法也只能排在其后。对于这部分孩子来说，具体的学习方法就好比打开学习大门的钥匙，但一把钥匙只能开一扇门，而思维方式则是"万能钥匙"，可以轻易打开任何一扇门。所以，没有掌握恰当思维方式的孩子就很难跻身前几名。尤其是到了高中，对于那些学有余力的孩子来说，往前学是一方面，还要有意识地培养自己的思维能力。不要把做对题目作为终极目标，而是要善于思考、善于总结，这才是终极武器。

但是对于大多数的孩子来说，并不具备以思维方式提高学习成绩的能力。这是因为思维到了这个层面，就对学习能力有非常高的要求。如果孩子能力达不到，却强行将思维方式应用到学习中，非但不能提升学习成绩，反而还可能因为无法理解这种方式方法而造成畏难情绪，影响了正常的学习，导致成绩下降。

大部分的孩子要按照学习的规律和考试的要求来掌握相应的知识，打好基础才是正道。就中考数学来说，卷面上接近80%的题目都是简单题，大约有10%的难题（压轴题），剩下的就是稍微难点的中档题。孩子搞清楚了难度的分布情况，就知道应该怎么用力了。

大部分的孩子并没有养成良好的学习习惯，所以即使有80%的简单题，也会因为各种原因而不能拿到满分。这部分的丢分跟智商完全没关系，理论上任何一个孩子都应该不丢分才对。但就是有那么多的孩子会丢分，有些还不止丢一点分。所以在初中，学习习惯要比学习方法重要。很多简单题都是基础题，只要基础概念清晰，做题做到一定的熟练度，都是可以做出来的，不需要特别的方法。

养成良好的学习习惯，就是在平时要强制自己克服容易出错、丢分的那些坏毛病，让自己通过一些固定的模式掌握新学的知识，并且在学习过程中不断总结和修正。

当然，学习方法也很重要。仅就中考而言，好的学习习惯带来的分数的提升要远超过学习方法带来的分数的提升，所以就要有侧重点。大家也不要觉得初中就不需要学习方法，因为对于中档题和压轴题来说，学习方法就更加重要了。

对于学习习惯良好的孩子来说，要想分数再上一个台阶，就必须在学习方法上下功夫了。就压轴题来说，前面用了专门的篇幅来说明压轴题的化解之道。既然可以分为十几类题型，那就说明可以针对每种题型来确定专门的解决方法。当然，大的方面可以分类，但具体到每道题，还可能出现没见过的题型。无论题目

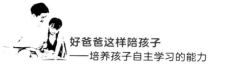

如何变化,其根本还是离不开中考要考查的几大考点。

所以,除了要记住最基本的题型的解法,还要学会把各种题型的变式简化,最后变成对应基本题型的解法。化繁为简,考验的是孩子的阅读理解能力——把题目真正读懂了,也就基本清楚了这道题究竟要考的是什么方面的知识。然后调出记忆中这类题的基本解法,往这方面去靠。但如果想要拿全分,还是要具有较高的思维能力。

压轴题的最后一问,一般来说都是需要分类讨论的。很多人都只能意识到需要分类讨论,但具体如何分类讨论,可能就发蒙了。此时必须有一定的思维能力,才能在脑海中把情况考虑全面,然后在计算不出错的前提下,才有可能拿到满分。

前面啰唆了这么多,就是要大家搞清楚为什么初中阶段学习习惯比学习方法重要。搞清楚了这些,才能把有限的时间用在最有效提高成绩的事情上,尽量避免花了大量时间却不能有效提高成绩的情况,避免陷入"我都这么努力了,为什么成绩还是不好"的怪圈。

第八节 七年级寒假如何安排

七年级寒假这段时间,虽然是整个初中的早期阶段,但其重要性也是不可忽视的。下面从两个方面来简单说明一下这个寒假该如何安排。

第一个方面,那些提前学了七年级课内课程的孩子虽然有先发优势,但掌握的程度是说不准的,毕竟没有课堂上学的时间长,也不可能再巩固。学过和学会是两个完全不同的概念。

第六章
关于初中的学习习惯

对于刚刚进入初中的孩子来说,刚从小学上来,整个学习难度和学习强度都增大了,所以要有一个适应的过程。那在这个过程中,就不可避免地会出现一些知识点掌握不牢固的情况,期末考试多多少少都会暴露出来一些。那么,七年级的寒假是一个再好不过的时机。

在寒假初期,首先是要重新把七年级上学期的知识点全部快速梳理一遍,然后把不熟悉的、没掌握的知识点集中起来,像整理错题本一样,把这部分搞懂弄通。这对于绝大部分的孩子来说,是一件非常痛苦的事情,因为在备战期末考试的复习中已经把这些内容非常仔细地过了一遍,有的孩子甚至还过了两遍。现在期末考试刚结束,对于孩子来说,辛苦了一个学期,就盼着寒假好好玩一下呢!孩子绷紧的神经刚放松下来,完全没心思学习,这时再"炒一遍现饭",孩子心里肯定是非常抵触的。

但是复习巩固又不能不做,因为初中的知识量比小学多多了,每个学期如果都有没掌握的知识点,不仅会影响后面的学习,而且三年攒下来不会的地方太多,那基本上就没有什么希望能上高中了。所以必须在新学期开学前把"历史欠账"给还了。家长要想办法让孩子尽量完成,也可以结合学校的寒假作业,边做寒假作业边复习知识点,因此要把计划做好,然后严格执行。

对于孩子来说,复习巩固肯定不是寒假的重点,寒假的重点是提前学下学期的课内知识。家长主要的任务就变为监督孩子每天在家消化所学的新知识,预习、复习、做题巩固,争取学了就要掌握,制订学习计划。

家长现在所能做的也就这些了,顺便管好孩子的饮食起居、

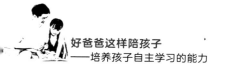

体育锻炼、课外阅读。具体内容家长虽然很难再介入,但监督执行必须到位,否则家长放松一分,孩子可能会放松十分。往后退是舒适区,谁都愿意待在舒适区,要想实现自我超越就必须脱离舒适区,这是非常反人性的。也就是说孩子即使知道这样做对自己好,但家长如果不在后面推着,孩子自己也很难踏出这一步。所以要想教育孩子有效果,家长就不能缺位。

第二个方面,对于上七年级之前没有提前学的孩子来说,新学期会非常不适应。因为课内知识难度突然增大,上课进度也比较快,科目也变多,每天都是新知识,每天基本上都是忙于应付作业,也没多少时间进行复习巩固,基本上是被老师给着走,那整个学期的知识点肯定掌握得不好。虽然期末考试前也会复习,但肯定是不系统地、走马观花地过一遍,作用不大。

放寒假后,这类孩子的学习重点就是复习巩固,把前面的所有知识点统统重新学习一遍,反复刷题,争取寒假把七年级上学期的知识点全部掌握。这种情况下,学习任务还是挺重的,家长要和孩子一起合理计划。

只要基础知识掌握得好,到了初三,还是有很大机会可以重新赶到前面去的。要基于自身的实际情况,不要好高骛远。家长此时要做的就是把计划制订好,然后监督孩子落实执行。这是孩子唯一能后来居上的机会,没有第二条路,如果没有落实到位,那垫底是肯定的。

寒假作业可以和复习一起做,也可以安排时间集中做。最后再安排几天时间把各科第一单元的课内内容预习一遍,基本上也就差不多了。

以上两个方面,其实走的路线不同,但最后的效果可能差不多。一个是自己先学第一遍,在学校再学第二遍;另一个是在学校先学第一遍,然后自己再学第二遍。第一种主动权在自己手里,提前学还有一定的心理优势,压力相对要小一些;第二种属于置之死地而后生,没有退路,只能拼命往前,虽然最后也能追赶起来,但孩子要承受巨大的压力,实数没办法之办法,最好不要走这一步。

第九节 八年级寒假如何安排

八年级的寒假安排,虽然和七年级差不多,但也会有一些不同。八年级是课程最多的一年,语文、数学、英语、物理、生物、历史、地理、政治,一共8门课。不光是因为课程多,更主要的是因为在八年级要有两门课会进行结业考试,也就是咱们平时说的会考。

因为这两门课(地理和生物)的结业考试成绩是要算在中考总成绩中的,要非常重视,加上这两门课的考试并不难,因此不管是哪类孩子,都要想办法尽量拿到满分,争取在这两门课上不要和学霸拉开太大的距离。这两科是学霸无法展现优势的科目,毕竟总分限制了学霸在分数上大幅甩开其他孩子的可能。

所以,趁着八年级的寒假,就要有侧重点地进行计划安排了。不管是提前学过的孩子还是没有提前学过的孩子,都要把有限的寒假时间匀一部分出来复习地理和生物。

其他科目的复习、预习安排可以参照本章第八节"七年级寒假如何安排"中所说的那样。当然,对于新加的物理科目,大家也是要认真预习的,如果开头没有开好,那对将来高中的物理学

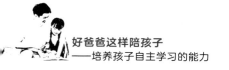

习都会造成很大的影响。所以趁着还不是很难,把基础打好,掌握物理的学习规律和方法。不求它成为优势科目,但至少不要是拖后腿的科目,否则到了高中,100分的卷子别人拿九十几分,自己只拿二三十分,那就被甩得太远了。

这不是危言耸听,甚至很多初中的学霸到了高一得到的人生第一个不及格就是物理,更何况其他的孩子呢?

当然,因为八年级下学期就要结业考试,所以重心还是要放在地理、生物上。那到底应该怎么来安排地理、生物的学习呢?

首先,复习前面三个学期所学过的内容。其实经过这么长的时间,很多孩子七年级学的地理、生物基本上都忘光了。这时要基于课本,先把课本上的知识点都过一遍,想办法唤醒一部分的深层记忆。然后,再把不会的部分列个计划,在多少天内全部记一遍,可以结合教材全解记忆知识点,然后再做一做后面的习题,看看掌握情况。

寒假期间掌握得越多,将来八年级下学期复习起来就会相对轻松。但是千万不要寄希望于老师到时带着孩子复习,因为到全面复习时,那速度快得像走马观花,根本就不可能掌握什么内容,全靠自己提前复习和平时的积累。而且全面复习的时间也是非常短的,也就一个多月的时间,到时除了这两门,其他的科目也不能丢,绝对能把家长和孩子急得焦头烂额,恨不得一天有48小时才够。

其次,除了复习外,当然也少不了提前学习。但寒假实在是太短了,所以提前学习基本上也不现实,能把课本全部过一遍预习一下就不错了。有一个大概印象,到时开学后跟着学校的进度认真学习,当日内容当日消化,这样到时才会稍微轻松点。

第十节　八升九的暑假非常重要

八升九的暑假其实是非常重要的，这个暑假若能合理利用，那么进入九年级后就会截然不同。九年级的课程难度会加大不少，尤其是数学和物理。数学要学二次函数，还有圆与相似，物理要学电学。此外还增加了一门化学，由于是全新的学科，要投入足够的精力才能学好。

所以对于大多数孩子来说，建议假期内尽量能把九年级上学期语文、英语、数学、物理、化学的课程花30天左右学了，剩下的20多天就复习巩固新学的内容，顺便做暑假作业。如果能把基础知识学扎实，那九年级开学就能有个飞跃，九年级"天上地下"就是指的这种情况。这里有个要注意的事项是，一定要制订一个周密详尽的计划，每一天都要有一个独立的计划，每天完成情况要记录，根据完成情况随时调整，以求达到最高效率。当然也要有张有弛，适当安排休息、运动和娱乐时间。

对于学霸来说，九年级的课程应该都学得差不多了，为了冲进重点学校的重点班，这个暑假主要安排自主招生的内容学习。根据各学校的要求，主要以数学、物理、化学、英语为主，力争熟练掌握这部分知识。自主招生考的大部分都是高中的知识，和中考无关，自主招生考过后，如果高中学校不要求中考，则继续学高中知识，如果要求参加中考，则要返回来继续按照中考要求刷题。

不怕同学是学霸，就怕学霸放暑假。学霸的暑假就是用来超越的，不是超越同学，而是超越自我。

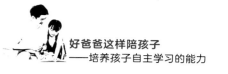

第十一节　九年级的寒假也很重要

九年级的寒假其实也是很重要的，课程基本学完，一轮复习马上开始，寒假作业也会很多。很多人会陡然觉得压力增大了很多，之前没怎么在意的中考突然就近在眼前了。还有很多人还是浑然不觉，寒假跟着爸妈回老家、走亲戚、玩游戏，玩得不亦乐乎。

这个寒假是中考前唯一可以自己安排学习时间的假期了，可以说是争分夺秒，一天都不能浪费。老老实实在家里把学习计划列好，除了大年三十的晚上、正月初一的早上可以休息放松一下，其他时间都要利用好。家长也要注意，这个年就在自己家里过，不要安排走亲戚拜年，也不要让人来家里串门，会打扰孩子学习，尤其是需要花很大毅力才能静下心来的孩子，最怕有人来打扰，切记切记！

方法也说了，步骤也说了，计划不知道列了没？

最难的就是执行力，这是对家长决心的考验。想进到10%的第一梯队甚至是1%的金字塔顶尖，光有聪明的孩子不够，还要有能坚持的爸妈，用最实际有效的方法，团结合作，方能成功。

第十二节　初中生该如何突破自己的"瓶颈"

很多家长会发现，自家孩子在一段时间内，学习很认真，也很想考好来证明自己，但每次考试都会出现这样的情况：这一次数学考好了，英语没考好，下一次英语考好了，物理又没考好。总之，这门科目考好了，总有其他的科目没考好，最后一算总分，好像和上次比没多大变化，甚至还会退步。

为什么会出现这样的情况呢？这其实是遇到了一个学习的"瓶颈期"，也可以说是某一时期的"天花板"。因为在这段时间内，总的学习时间基本上都是不变的，唯一可以变的就是每门课的时间安排。一般情况下都不会出现大的变动，除非你上一次有一门课没考好，这次想补短板，就要在这门课上多花点时间学习，那势必会减少其他科目的学习时间。本来都是一个萝卜一个坑，此起彼伏，最后就造成花时间多的科目成绩就提高了，花时间少的科目成绩就下降了，最后在总分上没什么大的改变。

那有孩子就会问，为什么就不可以将这门课考得好，其他的科目也不会变差呢？当然是可以的，但前提是要在以下几方面做出改变或提升，也就是平常所说的突破"瓶颈"、打破"天花板"。我们都知道，人长期处在一种相同的状态下是很难自发去改变的，虽然每天学的都是新知识。

（1）养成更好的学习习惯。比如初中要特别重视基础知识的掌握，但很多人往往忽视它。举个简单的例子，老师经常要求大家放学回家要先复习、背笔记再做作业，但很多孩子觉得刚学过马上又看一遍特别没意思，更不想浪费时间在已知的知识上，所以常常跳过这两步，或者根本就没有这两步。但恰恰是这两步，在不起眼的平时，就把基础给巩固了。

（2）寻找更加科学有效的学习方法。比如如何提前学课本知识，如何记课堂笔记，如何整理错题本、试卷等。举个实用的例子：错题本，前面多次说到如何整理错题本，很多人也按照要求认真地整理了错题本，但在期中、期末考试前却因为时间安排不过来，或没重视错题本而刷新题去了，造成错题本被束之

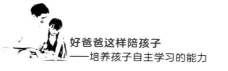

高阁,没能真正发挥出它的威力,造成错过的题还是照错,得不到分。

(3)掌握提高学习效率的方法。这个跟具体的学习没有直接关系,但它能帮学生在相同的时间内学习更多的内容,相当于延长了学习时间,但不会牺牲睡眠和休息时间。在擅长记忆的时间段记忆较多的内容,合理利用碎片时间来记忆零碎的知识,比如单词、公式等,在擅长思考的时间段来刷题、拔高难度,在其他效率不高的时间段来整理笔记、做不太重要的作业,还要注意文理科穿插、课间活动和体育锻炼,合理放松大脑,提高大脑的学习效率。这样就可以在相同的时间内完成比平时多的学习内容,并且能记住和理解的程度更高。

(4)善于学习学霸的考试思路。很多学霸在平时的学习中并没有什么特别厉害的学习方法,很多时候都用大部分孩子看不上的笨方法,比如作业一步一步地写,老老实实打草稿,比别人多花一点时间仔细读题,在题目中把关键词给标出来,等等。有些同学每次考完就很不服气,觉得学霸的难题好像也没有比自己多得多少分,有的甚至还会少一两分,要不是自己因为粗心、看错被多扣了十几二十分,学霸还没自己考得高呢!

其实这里大家都忽视了学霸的考试理念,学霸的考试理念不是难题要多得多少分,而是整体要少扣多少分,这才是关键。学霸就是因为基础知识扎实,考试习惯好,所以该得的基础分一分不丢,难题尽量多得分。所以一份试卷别人得八九十分,学霸得一百一十多分,差就差在基础上。

所以要想突破自己的"瓶颈",首先就要改变自己的观念,把上述几点真正做到。假以时日,才可能真正打破自己的"天花板",跃上一个新的台阶。所以真正能击败你的是你自己,你需要战胜的也不是别人,而是自己。

第十三节 初中生该如何突破自己的"瓶颈"(续)

关于学习"瓶颈期",上一篇文章也说过,大家要想突破就照着上面说的去做就行了。人为什么会有"瓶颈期"呢?其实这也是一种学习状态的表现罢了。一个人如果没有很强的上进心,不愿意为此付出真实的努力,是很难突破自己的"瓶颈期"的。为什么叫"瓶颈期"而不是"瓶颈"?因为这是一个过程,并不是某一个具体的点,所以在学习上某一次考试发挥超常,并不能说明突破了"瓶颈期",要连续几次重要考试都能保持在超常的水平,才说明是真正突破了"瓶颈期",上了一个新的台阶。

但是对于大多数孩子来说,"瓶颈期"并不容易突破,因为这个"瓶颈期"实际上是在很长一段时间内保持的一种平台状态,在这种状态下,孩子的学习习惯基本上是一成不变的,学习方法也变化不大,甚至学习能力也没有什么提高。每天都在被动地接受新知识,在新知识的理解和旧知识的遗忘中苦苦挣扎,仅管每次考试后会在脑海中下决心好好学习,但每天一接触到具体的学习,又会不自觉地回到原来的学习模式中去,没有大的改观,所以成绩很难往上突破。

对于他们来说,处在这种固定的模式中虽然对学习帮助不大,但因为已经习惯了,属于相对的舒适区,没有外力的强力扭转,是很难自己脱离这个舒适区的。

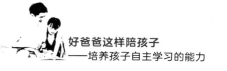

外界的强大压力虽然可以促使孩子做出改变,但这是被动的,比如家长强迫孩子要多花时间、精力搞学习,虽然在小学、初中阶段会有效果,但这终究是被迫的。一旦这种压力消失(如住校或上大学)或者孩子的逆反心理变强,家长无法再继续强迫孩子学习时,情况会变得更糟,孩子不仅学习会退步,甚至可能还会厌学,一般不建议家长这么做。

内心有更高的要求其实也就是自主学习的能力,这是一种自驱动的能力,当努力过后在成绩上有所反映,这时大脑就会由于自身的"奖赏机制"而获得极大的满足,从而驱使孩子继续通过努力学习来获得更大的满足,这是一种正向反馈,也是一种成瘾机制,所以学习好会上瘾。

一旦孩子尝到学习的甜头,就会自己主动好好学习,在外人看来他是在脱离舒适区,自找苦吃,但在他自己看来,自己只不过是为了达到一个更加"舒适"的区域而努力,"彼之毒药,我之蜜糖",相同的过程,各自的感受不同罢了。

此时家长能做的就是帮助孩子养成更好的习惯,买更好的资料,用更高效的方法,做好后勤工作,让孩子不断地突破"瓶颈期"。这个过程说起来简单,但真正做起来是非常艰难的,所需的时间至少是一个学期。

孩子想要提升,就按照上节中讲述的来落实:

(1)养成更好的学习习惯。

(2)寻找更科学有效的学习方法。

(3)掌握提高学习效率的方法。

(4)善于学习学霸的考试思路。

对于一个有追求有目标的学生来说,等到考上了心仪的大学后，才发现原来初中吃的苦不算苦，高中吃的苦也只是有些苦，大学里才是天天吃苦。孩子现在吃的苦，是为了将来比别人强，现在吃十几年的苦是为了将来一辈子不吃苦。舒适区虽然舒服，但时间短暂，咬咬牙早点出来，争取能尽快脱离"瓶颈期"，让自己更上一个台阶。

第七章
关于初中的学习方法

第一节　初中的学习方法

　　初中的学习习惯前面已经讲过很多了,但学习方法基本上没怎么涉及,这容易给大家一个错觉——初中只要养成了良好的学习习惯,那成绩就能稳在学霸之列了。

　　其实并不完全如此,如果没有学习方法在后面支撑,即使学生排名靠前,那也是会很吃力的。

　　在本节内容中,我要着重讲一下初中的学习方法。

　　说起学习方法,很多人就会想到刷题、想到背,其实这没错。不过在说学习方法之前,我们要先从整个初中的学习特点来分析一下。经过整体的分析,相信大家应该会对初中的学习方法有一个比较清晰的了解。

　　相对于小学阶段的学习来说,初中知识的宽度和深度都加大了。首先,从学习科目上来说,从小学的语文、数学、英语和科学四门课变成了语文、数学、英语、物理、化学、生物、历史、地理、政治九门课。单单从数量上来说，就增加了两倍，从内容上来说，有人做过统计，八年级一个学期的上课内容就和整个小学阶段的所有内容相当。

内容增加了这么多，那如果还是像小学那样每天死记硬背、抄写做题的步骤来学习，肯定无法快速完成作业，每天都会在疲惫中消磨掉曾经的优越感。作业都做不完，哪有时间预习、复习、整理错题呢？

所以，上初中首先要解决的是做题速度问题。七年级刚开始，老师可能还会稍微照顾一下孩子们，考虑到孩子们才从小学上来，需要时间适应一下，给两个礼拜的时间，布置作业稍微手下留情，让孩子们努努力就可以按时完成。但是一旦老师觉得孩子们都进入状态后，作业量就会到一个正常的水平，如果孩子还是按照小学的做题习惯，磨磨蹭蹭，写会儿玩会儿，那也就只能刚完成课内作业，就到睡觉时间了，其他啥也干不了。

做题速度分两块。一块是书写速度，这块可以提高，但是非常有限，因为不能让孩子把字写得太潦草；另一块就是答题速度，这块是可以通过一定的训练来提高的，大部分学霸的答题速度都是很快的。

提高了做题速度后，就要最大化地利用各种碎片时间做作业、学习或刷题。实际上，大部分学霸就是在保证睡眠充足的条件下，把能利用的时间都充分利用到了，这样每天的时间就比那些浪费这种不起眼的碎片时间的学生要多至少两个小时。这些时间可以多做很多事，一个月或一年累积下来，差距就会变得非常大。

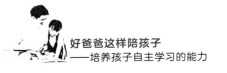

我们通过上述方法来解决初中内容变多的问题。

大家都知道，初中各学科的内容都变难了。难在哪里？一个是新接触的概念变多了，这是从0到1的变化，即从无到有。另一个就是在原有的基础上扩展开来，知识还是原来的知识，只不过加上了一些新学的概念，糅合在一起后需要重新学习消化。再一个就是思维方式变化了，随着孩子大脑的发育，理解能力变强，很多学习内容的思维方式就不能用小学的形象思维来理解了（主要指理科）。很多概念和运算方法都已经不能直观地从生活中看到，只能凭空去想象、去理解，也就是抽象思维。抽象思维是大脑发育上了一个台阶的具体表现，当然抽象思维是可以通过一定的训练来提高的。

所以为了解决各学科变难的问题，我们的方法就是要把小学时的形象思维转变为更高阶的抽象思维，让孩子能更快地适应初中的教学方式。

这只是解决了学的问题，那还有很多需要记忆和背诵的内容，该如何解决呢？对于初中的文科来说，这一块都是新加的课程，小学基本上没怎么接触过。那学习这部分知识有什么比较好的方法呢？

其实对于小学成绩比较好的学霸来说，这类文科的学习问题还是比较好解决的，依然可以通过以死记硬背为主的方法来实现，但又不是完全靠死记硬背，因为内容毕竟那么多，谁能一下子全部记得住呢？

这里有一个切割法，意思就是化整为零。很多人通常认为文科就是靠考前拼命背，临阵磨枪，不快也光，这样虽然能过关，但很难得到高分。应该以天为单位计算，在当天课上认真听文科内容，晚上复习时背下来。这样做的好处就是把大量的需要背诵的内容分成很多小的部分，那每次背诵的内容就会少很多，记起来就会容易很多，考前就可以少花费时间，把时间留给其他更需要复习的科目。

那对于理科类的需要记的内容该怎么办呢？显然，死记硬背是不可取的，需要用到的方法就是理解记忆。理解记忆就是把要记的内容想明白了，搞懂了，就记住了，而且会记得非常牢，不容易遗忘。

总结一下，本小节是从整个初中的学习来分析如何通过学习方法提高学习成绩。

（1）解决内容变多的问题的方法：

①提高做题速度（书写速度、答题速度）。

②充分利用时间（正常时间、碎片化时间）。

（2）解决内容变难的问题的方法：

改变思维方式（形象思维变为抽象思维）。

（3）解决背诵的问题的方法：

①文科类（死记硬背、切割法）。

②理科类（理解记忆）。

以上是大类的解决办法，具体到每一科，还有更细的学习方法，之后会慢慢分科目讲解。

第二节　孩子偏科该怎么办

有家长问孩子偏科该怎么办。

首先跟孩子坐下来认真分析，找出问题所在。比如：

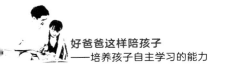

（1）学习习惯不好，上课不爱记笔记，导致做作业很慢。

（2）数学计算不爱打草稿，喜欢心算，导致容易出错。

（3）语文一直是泛读，偏重情节，不重视细节，要背诵的课文和古诗词不爱背。

（4）不喜欢历史、地理、生物、道德与法治，只喜欢数学，导致偏科。

大的方面就这些，还有很多细节性的问题可以在学习中慢慢发现，慢慢纠正。

接下来，我就重点介绍应对历史、地理、生物、道德与法治这类小科偏科问题的方法。其实解决办法大家都知道，就是多背多记。话虽如此，但孩子如果本身不愿意做也没用。

所以，关键是要先把孩子的观念给纠正过来。孩子不喜欢这类课的几个主要原因是：

（1）觉得是小科，不重视。

（2）觉得这类课枯燥无味，比较难懂，不喜欢。

（3）觉得老师教得不好，讨厌老师的同时顺带讨厌这门课。

（4）觉得老师不喜欢自己，为了气老师故意不好好学。

针对第一种情况，应该要从今后的高考科目入手给孩子打预防针了。现在高考都在朝着3+1+2的模式变，将来至少要选1～2门小科参加高考，如果现在不好好学，基础没打好，将来高中学起来会加倍吃力，而高中的时间是非常宝贵的，没有多少时间可以用来补短板，所以现在就要开始重视小科，不能偏科。

第二种情况是因为孩子从小接触这类知识太少，完全没有基础，这可能是大部分孩子学不好小科的原因。针对这种情况，家长应该买一些关于历史、地理、生物的趣味性比较强的课外书给孩子看，让孩子感兴趣，觉得没那么枯燥了，自然抵触情绪就会减轻，再加上课后多背多记多做题，成绩慢慢就会赶上来。

第三种情况，要告诉孩子老师教得好不好只能说明老师的水平，和这门课无关，而这门课的考试成绩只和自己有关，和老师没有任何关系，不要搞错了对象。有时孩子自己没有意识到，需要家长点醒孩子。

第四种情况，和第三种差不多，要告诉孩子不要将这门课卷入个人的好恶中去，这明显就是以为自己的损失可以伤害别人的错误想法，矛盾主体都没找对。

家长可以这样跟孩子说："你越是不喜欢的课，你就越要学好它，证明你仅仅是不喜欢而已，不是学不好，你要证明你的实力。"如果孩子听进去了，能很认真地学好这几门课，并且可以很轻松地得高分，那么他就逐渐领略了当学霸的快乐。此后也就会不自觉地认真学习各科，认真学进去了，也就慢慢喜欢上了各科。

第三节 七年级写作业慢是怎么回事

有家长说自己孩子七年级，每天做作业很认真，但完成时间很晚，想知道为什么。

我们先来看七年级有哪几门课，大科语文、数学、英语，小科历史、地理、生物、道德与法治，总共七门课。七年级课并不多，尤其是七年级上学期，孩子们刚从小学上来，老师会给点时间适应。

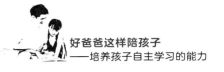

作业做得慢，一般有以下几方面的原因：

（1）上课没认真听讲或听不懂老师讲的内容，这样放学回家后做作业就不会做，然后需要反复看书来理解或照猫画虎强行做。由于没信心，可能会做一下停一下，来回翻书。

（2）作业会做，但是注意力不集中，作业写几个字后要玩一下，比如玩手指、玩笔、玩橡皮、玩尺子、在草稿纸上乱画，甚至盯着窗外或某个目标发呆，等等。

（3）追求完美，作业写了又擦，擦了再写，反反复复好几遍。

（4）故意磨蹭。

（5）没有时间观念，不知道做一件事要用多长时间。

（6）丢三落四、不会收拾，做一门作业要翻书包找半天，而且书包里面乱七八糟，没有层次，没有分类，什么东西都往里面乱塞。

一般也就是以上几种情况。对应的解决办法有下面几点：

（1）这种情况一般存在于没有提前学的孩子身上，要解决这种问题，最好的办法就是提前学或者预习。这里推荐一本预习教辅——《中学教材全解》，基本上能解决自己预习与自学的问题。

（2）这种情况就需要家长干预，提醒孩子回到写作业的状态中来，最好是定时，让孩子知道还剩多少时间，有紧迫感。

（3）这种情况常常是家长或老师要求比较严格，孩子自己也追求完美。因此，要么家长或老师降低要求，要么要求孩子想清楚后再下笔，免得写了又改。

（4）这种情况一般都是孩子认为自己做完作业后家长又会

再布置其他作业,所以故意消极怠工。因此,家长要跟孩子确定每门课的完成时间,要求孩子必须在规定时间内完成,另外还要和孩子沟通好,写完作业再完成多少课外任务后,就可以自主安排时间。

(5)这种情况要列计划、用计时器。

(6)这种情况需要家长重新手把手教孩子如何整理个人物品。

那如何找到孩子写作业慢的真实原因呢?家长可以花2~3天的时间观察一下孩子写作业的整个过程。注意是只观察,不发表意见,不打断孩子,随时记录观察到的影响孩子写作业的事件,最后总结出原因,对症下药。

第四节　初中基础题和难题该如何取舍

经常有八年级、九年级的家长问,孩子基础题经常做错,难题又不会,结果两头都没顾上,非常郁闷,不知道该怎么办才好。

其实这里面还有一个取舍的问题,在现阶段基础题和难题都解决不好的情况下,应该首先舍弃难题,先抓基础题,等基础题完全熟练后,再慢慢加难度。

当然,退一步来说,难题即使没有攻下来,对于孩子当前这种情况来说,也是一个相当大的进步了。

前面分析过,以数学为例,中考数学总分120分,其中基础题和中档题基本上占据了105分到109分,如果孩子的基础比较扎实的话,即使难题一分没拿,那也至少能得105分,比孩子现在

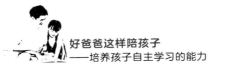

的情况要至少高20分。

初中以基础为主,所有的基础要非常扎实,这里就基本上没怎么涉及难题。做难题的前提是是孩子的基础扎实,熟练度上来后,就能水到渠成地加大难度。

对于喜欢做难题,难题能得分,基础题反而容易扣分的孩子,更应该重视基础题。因为这样的学生本身具备成为学霸的能力,只不过这个能力被封印在了基础差的枷锁里。

所以,初中的数学、物理、化学这类理科,都应该首先重视基础,基础扎实了,得分才稳定,才能制订好后面的学习计划。

基础不扎实,分数忽上忽下,孩子和家长心里都没底,不知道该如何规划学习,所谓的各种学习方法也不好使。

所以不管如何,都不能忽略基础,要静下心来打基础,养成好的学习习惯,这才是最重要的。给自己足够的时间,把各章节的基础都打牢,难题、压轴题留到九年级下学期再去烦恼吧(本建议不针对学霸,而是针对学习成绩在中游的孩子)。

第五节 错题本该如何使用

关于错题本,其实很多人都没有用好,没有发挥出错题本的真正用途。大部分人都知道错题本是个好东西,那么如何制作好一本属于自己的错题本就非常重要了。

错题本,顾名思义,就是整理错题的本子。很多人以为只要把错题抄上去就可以了,其实这只是做到了1/4,正确使用错题本应该是这样的:

第一点,每周或每日(根据错题的数量多少来确定)将所有作业和测试卷上的做错的题抄下来或者是打印出来贴好，然后在旁边留出1/3的空白，在题目下面将正确答案抄上，然后在旁边用红笔标注出这道题当时是出于什么原因做错的，有什么内容是需要特别注意的。

第二点，每天的作业或课外题中如果有出现10～30分钟才能做出来或者做不出来的题目，也要摘抄到错题本上。因为这种题目本质上就是孩子不会的题目，考试中肯定不会有这么多时间让孩子只做一道题的，所以必须在平时就解决，这类题也要在旁边做好标注。

以上第一点一般人都能做得到，第二点基本上没人能做到。其实，能做到第一点，对成绩没多大的帮助，能做到第二点，对成绩依然没有多大的帮助，只有做到了以下两点，才能对孩子的考试成绩有真正的帮助。

第一，在期中、期末考试前一两周开始复习错题本（具体根据错题本厚度决定）。错题本应该怎么复习才有用呢？走马观花地浏览一遍是根本没用的，应该先把题目的答案挡住，然后自己独立做一遍，再对比答案，看有没有区别。很快做出来就说明完全掌握了，没有快速做出来或又做错，就把这道题先做个记号，都做完一遍后，再把做错的题目重新做一遍，直到全部会做为止。

第二，对于数学、物理、化学来说，只要把错题本弄懂就行了，课本什么的完全不用看，因为会的总不会错，错的总是会错。其他科目的错题不会太多，偏记忆的多一些，错题本的作用相对要小一些，但使用方法还是一样的。

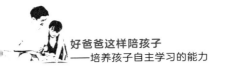

第六节 如何向学霸学习

如果孩子有幸坐在学霸的周围,不要觉得压力大,而是应该庆幸,和学霸咫尺之遥,可以近距离观察学霸平时是如何学习的。当然,除了观察,还可以和学霸聊聊天,向学霸请教问题,这些都是近水楼台之便,当然要善加利用。

那么,该怎么观察学霸是如何学习的呢?

首先,从学习用具上观察。现在的学霸,不像我们那时候,上课就带着一支笔、一本书。现在都会配备最好用的文具,注意这里说的是好用,而不是好玩、花里胡哨。以初中为例,写字的笔,笔芯不要太粗,以0.5mm的笔芯为主。0.3mm太细,字写大了不好看,写小了又不容易辨认,用力大了还容易划破纸面,一般都是会计记账用的。0.7mm的出墨太多,笔画太粗,既费墨,又显得纸面太脏,不清爽。0.5mm的介于它们之间,刚刚好。然后选择特别顺滑的笔芯,最好是速干的墨水,这样写字不容易污染纸面,比较整洁。

另外,家长不要给孩子配多功能的文具盒,功能实不实用暂且不说,光是花里胡哨的造型就能让孩子专心致志地玩上一节课。所以最好就是配简单的笔袋,能把各种文具都装下就行,外观越朴素越好,这样孩子就没什么欲望去玩笔袋了。

要给孩子配便利贴,这样在上课时万一做笔记有缺漏,还可以用便利贴临时贴上去,下课后整理笔记就比较方便,不会在笔记本上这里写一块,那里插一块,搞得跟打补丁似的,复习起来不仅不好辨认,也没有条理性。而且如果有什么要提醒自己做的事情也可以写在便利贴上,贴在课桌上提醒自己。

其次，观察学霸上课时是如何听讲的。在不影响自己听课的同时，可以偶尔瞄一眼学霸是如何听讲、做笔记、做练习的。一般来说，学霸都会预习或提前学课内的内容，所以学霸做笔记一般都不是以一字不漏的方式，而是主要跟着老师上课的思路走，对于自己理解不深的知识点，学霸会迅速地记笔记，一般记重点或对自己有启发、有帮助的内容，其他的就跳过，把时间节省出来听老师讲课。

带着疑问听老师讲课就比较容易集中注意力，这样容易加深理解，帮助自己对难懂的知识点进行思考，从多个角度来掌握，就能达到举一反三的目的。对于一些课堂上需要计算的题目，学霸一般都会在草稿纸上进行演算推导，并能迅速得出答案，而大部分同学只会选择盯着黑板上的题目冥思苦想，即使觉得脑子不够用，也懒得动笔画一下、算一下。

最后，观察学霸下课是如何做的。有些学霸下课会出教室活动一下，更多的学霸却是继续在座位上学习。有整理笔记的，有预习课本的，有做作业的，也有帮同学解答的，当然也有拉着同学聊天的。总之，对自己学习有帮助的习惯是可以学的，其他的等孩子有了学霸的能力后再说吧。

自己如果有不懂的或模棱两可的问题，要主动去找学霸请教，一般来说，大部分的学霸还是乐意帮忙讲解的。这时的重点是学习学霸如何来理解这个问题，又是采用什么方法来解决，这才是你问问题的目的，所以在学霸解答的过程中，除了要认真听外，还要把一些重要的步骤和原理记下来，然后再仔细琢磨，想明白，这样才不会浪费学霸和自己的时间。

当然，如果时间充裕，还可以和学霸聊一下他都是如何学习

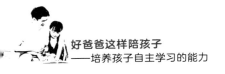

的，包括学习的教辅资料是什么，以及他在家里是怎样学习的，最好记录下来。

孩子回家后就要把所观察到的学霸的各方面学习情况记录整理出来，和爸爸妈妈一起研究一下，看哪些是适合自己的，哪些是自己要做一些改变后才能效仿的。之后再根据修改后的方法，结合当前的实际情况，列出一个适合自己的计划，并且要坚持照着计划执行。经过一段时间的积累，一定会在学习上有所突破，让自己能更加靠近学霸甚至跻身学霸行列。

第八章
关于初中和高中孩子的教育

第一节　小学数学学得好，为啥初中就不行了

为什么很多孩子小学的数学学得还不错，到了初中就不行了？这不完全是智商的问题，其实这主要还是思维方式没有转变过来造成的。

现在的小学数学，为了方便孩子理解，大部分采取图文并茂的方式让孩子理解数学，即用形象的思维方式帮孩子理解数学。

这种方法说好也不好。好的方面是能够在孩子理解能力范围内让孩子迅速对数学有一定的了解，方便教学。不好的方面是一直采取这么直观的方法让孩子学习数学，缺乏学习数学本该有的逻辑思维方法，这样学习数学就是胡同里赶猪——直来直去，看得见的很好理解，看不见的就很难理解了。

从小学到初中，学习数学最大的变化就是从形象思维变成了逻辑思维、抽象思维。所见即所学行不通了，需要拐弯了，需要

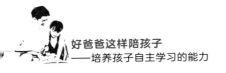

理解了。

怎么办呢？首先是理解概念，这是最重要的一步。

概念搞懂后，有些知识还是可以结合图形来理解的，有些就是将计算一步一步地拆解，拆到孩子能理解的地步，再慢慢一步一步推算出答案。刚开始家长要有点耐心，这个时候并不是因为你的孩子笨，而是孩子的思维方式还没有转变，千万不要崩溃，不要骂孩子。骂孩子不能解决任何问题，反而会让孩子因为紧张害怕而更难理解。

家长也不要因为孩子暂时落后于其他同学而焦虑，只要搞清楚初中孩子要达到什么程度才可以考入重点高中就行了。中考题目难度不大，孩子只需要把基础打好，基础分全部拿到，难题、压轴题做对一半，分数就足够上重点高中了。

初中就像长跑中的跟随阶段，这个阶段孩子只要跟上大部队，保持队形，紧紧跟随就好。不需要提前冲刺，到了高中会有相应的方法让孩子脱颖而出的。

第二节　学习就是一个"悟"的过程

对于初中数学中的压轴题，除了要分类型、记题型和解法，还要从思维的高度来进行分析。说起来简单，但很多家长未必能搞清楚如何从思维的高度来进行分析。下面就简单地给大家讲一下怎么才能达到思维的高度。

在初中数学的学习中，每学到一个新的概念，孩子首先都是记住这个概念，然后针对这个概念做一些最基础的练习题，更好地记住和理解这个新的概念。对于大部分的孩子来说，能熟练地做出和这个概念相关的题目基本上就达到要求了。事实上中考题中80%左右的题目就是按照这个要求出题的,很多中考真题很简单,甚至连拐个弯的难度都没有,就是根据基本概念出的题。

既然是送分题,那就没有区分度,这注定了要把孩子们从分数上区分开来的任务就落在了剩下的20%的题目上。虽然基础题很简单,但也不是人人都能拿到满分,还是有很大一部分人会因为各种原因丢分,有的还不止丢几分,丢十几二十几分的也大有人在。因此一个人要想达到思维的高度,也是有要求的,第一个要求就是基本功扎实。

何谓基本功扎实?就是基本概念清楚,理解透彻。如何做到呢?刷题,并把握好两个要求,即熟练度和正确率。比如基础题中的简单题,要求从看到题目到得出答案平均时间不能超过1分钟,正确率不能低于99%。只有达到了这个水平,孩子才能在中考中把做简单题的时间节省出来去应对难题。要达到这个水平,是需要平时花时间训练的。

刚开始是为了理解和记忆而训练,等概念熟悉后就是为了熟练度和正确率而训练。当这种训练达到一定量,孩子的大脑就会出现第一层次的"悟",也就是第一层次的量变到质变,这时孩子看到这类题目时,可以瞬间知道该怎么做,而且不会算错,当然这需要四则运算的基本功打底。当孩子顿悟之后,就需要从难度上拔高,因为再做相同难度的题已经没有意义了。

此时孩子的基础已经足够扎实,再加难度也只需用合适的方法将题目进行分解,使题目又变成简单题,因此适当地拔高难度不会让孩子望而却步,相反孩子还会有种超越同龄人的喜悦。

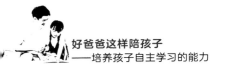

对于初中各单元或章节的题目来说，都可以用这种方法，对于某个难度的题目，达到一定的熟练度和正确率后，就可以继续拔高难度。

所有这些训练都是为中考压轴题做准备。中考压轴题不同于各年级各单元的压轴题，它是集多个单元知识为一体的综合知识题，难度级别不是简单的1+1=2，而是远超过2，所以不能简单地套用前面的方法。虽然前面的方法对中考压轴题是有一定效果的，却不能保证能完全拿下。

单靠刷题拿下中考压轴题满分的概率比较低，熟练度也许可以保证，但正确率却无法得到保证。即使见过题型，也不能保证一定能想出每道题的解法。打个比方，即使孩子是一满杯水，也没办法保证每次都能把这一满杯水一滴不漏地倒到另一个大小相同的杯子里。

那怎么办呢？难道只能看运气吗？还是有办法的，就是不要从方法的角度，而是从思维的角度来做题。那如何从思维的角度来做题呢？还是要从平时的压轴题练习中归纳总结，然后多思考题要考的是什么，当孩子的积累达到一定量后，自然会"悟"出来的。这个过程，再厉害的老师也帮不了孩子，只能靠自己"悟"，能"悟"出来，就能达到顶级学霸的思维高度，这类题也能很快做出来并拿满分。

所以在学习中，要学会"悟"，光做题不思考是"悟"不出来的，光思考不做题同样也是。必须边做大量的题边思考，才有可能在某一天顿悟，这个过程是省不掉的，除非孩子是天才。

第三节　初中生的家长该如何来陪孩子学习

初中生的家长该如何来陪孩子学习呢？这要分两种情况。

第一种情况，在小学期间如果家长陪着孩子学习，帮助孩子保持学习兴趣，让孩子养成了一些良好的学习习惯，那么，在进入初中后，家长再陪着孩子学习就会轻松很多。

虽然这会轻松很多，但由于初中和小学的学习方式不同，所以还是需要做出适当的调整，孩子才能适应初中的学习。在这里我主要讨论的是关于理科的学习。在小学时，虽然也开设了科学课，老师非常粗浅地介绍了一些物理、化学、生物的入门知识，但那和初中真正的理科学习差别很大。

在小学阶段，孩子想要学习成绩好，每天只要复习巩固课内的知识，认真完成课内作业，然后再做一部分"妈妈牌"作业，稍微提前学一点，再培养一些好的考试习惯，基本上考试都是满分或者接近满分。

但到了初中，课内作业量会大大增加，每天回家光是写课内作业都可能会写到晚上八九点，再把运动时间和阅读时间算上，"妈妈牌"作业基本上要泡汤，否则会影响孩子的睡眠时间。实际上在初中阶段，孩子的睡眠时间比学习更重要，睡眠充足，孩子白天的听课效率高，理解程度也高，那当天作业的完成效率也高。

所以在这种情况下，家长陪孩子学习时，要把主动权交给孩子，让孩子自己安排当日的学习计划。家长不要过多干预，主要是帮孩子判断计划合不合理，时间安排上有没有缺漏。刚开始家长需要全程陪同，等过段时间孩子基本适应了初中的学习后，家

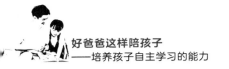

长可以适当放手。看过孩子的计划后,家长可以不用陪同,只需每隔半小时去看一下孩子执行计划的进度。

如果计划完成得比较好,家长可以看一看就离开,如果计划完成得不好,家长就要过问一下是怎么回事,是题目有难度还是孩子的自觉性不够。如果是题目不会做,等孩子全部做完后家长再来讲解,如果是后者,那家长就还是得全程跟着,直到可以再次放手为止。

第二种情况,小学时家长没有足够重视,孩子没能够养成比较好的学习习惯。如果是这种情况,那家长的任务就比较艰巨,因为孩子不仅要适应初中的学习生活,还要养成一些比较好的学习习惯,相当于要同时改变几种习惯,对孩子来说压力巨大。

那具体应该怎么做呢?可以参照前面小学篇第三章第一节"如何陪伴孩子学习"。

以上操作说起来容易,但要真正落实到位,也是要花费很长时间的。在这个过程中,家长要有足够的耐心和信心,要相信自己和孩子能做到。要清楚没有捷径可走,看起来容易的路其实都不如看起来最难走的那条路,而看起来最难走的那条路恰恰就是真正的捷径。

第四节 如何克服初中的畏难情绪

前文说过,有的小学学霸到了初中后劲不足,然后被其他学霸赶超,没有动力去学习,很多初中生家长也反映自己家孩子存在同样的问题,不知道该如何来解决。

在提出解决方案之前,先分析一下到底是什么原因造成了这

第八章 关于初中和高中孩子的教育

种情况。

从心理的角度来分析，出现学习没动力、厌学等问题，一个主要的原因就是出现了畏难情绪。很多人以为畏难情绪就是怕做难题，其实是有认知偏差的。畏难情绪并不单单体现在具体的害怕难题上，更多的是人的一种消极的心理状态。

很多时候并不是孩子因为不够聪明而学不会、学不好，而更多的是因为孩子学习习惯没养成，学习方法没找对，学习能力没跟上。但这些智商以外的因素会让孩子产生一种错觉——自己是因为比其他人笨而学习成绩差。

其实很多孩子平时是非常努力的，每天也会在学习上花大量的时间，但很无奈，这些功夫在小学能见到学习效果，到了初中并不容易见效。还有的孩子每天学得很累，在考试成绩上却显现不出来，感觉做了无用功。

在这种情况下，用不了一个学期，孩子就会对自己产生深深的怀疑，觉得自己不是学习的料，从而产生畏难情绪。一旦这种情绪产生，孩子就会不断地自我强化，不断地否定自己，逃避学习上的挑战，让自己停留在一个低水平的状态。这其实也不能完全怪孩子，这也是大脑的一种自我保护机制。如果人长期处于高投入低产出的巨大压力下，就会对大脑产生不可逆转的损伤，尤其是对青少年。所以一旦这种损伤发生了，大脑就会选择逃避这种压力，避免出现更大的损伤。

虽然这种损伤是不可逆的，那也不能说明孩子从此就不能再顶着压力去学习了，因为大脑还有足够的空间，虽然受损的部分无法恢复，但大脑还具有一种"代偿机制"，也就是启用其他的地方来代替受损的大脑行使相同的功能。

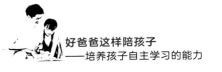

既然我们已经搞清楚了畏难情绪产生的原因，那接下来我们就能有针对性地采取相应的措施来帮助孩子化解这种情绪，重新整理好心情，再次轻装上阵。

那么，我们该如何做呢？首先，畏难情绪的产生是从对自己的不自信开始的，化解畏难情绪也需要从重塑自信心开始。该如何重塑自信心呢？

不知道大家有没有注意到，孩子在小学自信心特别强的时候，就是在还是学霸的时候，至少有一门科目拿满分或排名在班级最前面，这门科目就是孩子自信心的来源。孩子在初中为什么自信心缺失？因为之前引以为傲的优势没有了，不再是拿满分或排名靠前的了。虽然这一科优势没有了，但是底蕴还在。所以我们要做的第一步就是鼓励孩子在保证其他科目不落后的前提下，集中精力把这科重新变成自己的优势科目，找回自信，找回学习的动力。

但具体该如何把这科重新变成优势科目呢？这里就要从初中的学习特点说起了。先说文科，初中的文科除了语文、英语，就是历史、地理、生物了。初中的语文新增了大量的文言文、古诗词，这对于小学生来说是比较陌生的，各类实词、虚词的用法、翻译，各类句式的用法、翻译，整篇文章的翻译，当然还包括文言文的阅读理解，这些内容刚开始是需要花费大量的精力来熟悉以达到熟练运用的，除此之外就是阅读理解和作文了。想保持语文的优势需要积累，不是那么容易见效的。

英语这科词汇量占大头，当然阅读理解能力也很重要，想保持优势还是不难的，尤其是对在小学期间词汇量积累了很多的孩子来说，这是一个相对容易变成优势的科目。

历史、地理、生物、道德与法治这些小科，如果平时能花足够的时间和精力，是可以保持高分的，但历史的主观题、地理的计算题及生物的实验题没人能有百分百的把握得高分，想长久地保持优势就需要孩子在小时候对相应的科目产生浓厚的兴趣。初中想在这几门课上保持优势，时间上来不及，另外，这几门课的分数权重不够，虽然有助于树立自信心，但显然对整体成绩的提升作用不大。

最后还是要回到理科上来，尤其是数学。初中要想把数学学好，把基础分拿全是关键，而要想拿全基础分，就必须养成良好的学习习惯。和小学的学习习惯略有不同，初中讲究的是预习、听课、做笔记、复习、写作业、刷题，从思维方式上要把形象思维变成抽象思维，从学习能力上要把被动学习转变为自主学习。

前期数学没学好，就是这几个方面没重视，后面来补救也是要从这几个方面入手，不过需要家长和孩子付出的努力和代价也会更大。其他理科也可以参照数学的这几个方面。

一旦能把一门优势科目确立起来，孩子的自信心就能重新找回，这时就需要制订更加科学有效的计划，争取能有更多的优势科目。其他科目如果没有优势，那也至少不能变成拖后腿的科目，只要每门科目都在班级中上游水平，那整体排名就会前进一大步。

克服了畏难情绪，就能解决孩子学习没动力的问题，然后养成良好的学习习惯，再辅以科学的学习方法，孩子的成绩就会有很大的提升。

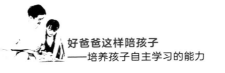

第五节　如何判断孩子真的学懂了

很多家长经常会问，孩子刷题也刷得够多了，错题也整理并且反复做了，孩子也说会了，怎么考试还是会错，分数还是上不去呢？

判断孩子是否真的学会了，主要针对理科尤其是数学，不能简单地看孩子是不是会做题了，还要从以下几个方面来判断。

第一，看完答案解析后马上能把题目做出来的不算。这时做出来的属于短时记忆，按照艾宾浩斯遗忘曲线的规律，此时的记忆如果在后期不加以复习巩固的话，是遗忘程度最高的。意思就是说，如果此时做对了，后面就不管了，到考试时再次出错的概率非常大。这种情况下做对是非常具有欺骗性的，很多时候并不是真正理解了，而是凭短时记忆进行的简单复制。

第二，在两天内不看答案直接能快速解题（含解题过程）。如果孩子能达到这个程度，那说明这道错题孩子已经有六成的概率在下次考试中不会做错。这一遍重复比较关键，这是把短期记忆变成长期记忆的一次重要重复，时间间隔不宜太长，最好不要超过一天。

第二遍的重复就不算是死记硬背了，能达到这种程度说明孩子是在理解的基础上进行的记忆。如果第二天不看答案孩子仍旧做不出来，则说明头一天没有理解，是死记硬背的，由于重复次数不够，所以第二天再做题时记不住。那就应该重复头一天的操作，看完答案解析后，不看答案再做一遍，能做出来后再重复第二天的操作。

第三，在一周内不看答案再做一遍，如果能够快速做出来，则说明真正理解掌握了，大概率已经形成长期记忆了，正常情况下是不会忘记如何做的。达到这个程度，才可以说明孩子把这道错题真正记住了，但也仅限于这道题。如果想再提高一步的话，还应该找一两道相同类型的题来做一下，如果经过短暂思考也能顺利做出来，那说明这一类型的题都掌握了，后面考试中再出现类似的题目时，正常情况下是不会再错了。

除此之外，最直观的检测办法就是让孩子给你讲题，把这道题的步骤，包括用什么辅助线、定理、公式、概念、结论或已知条件等都要讲清楚，然后条理清晰地呈现出答案。而且，家长可以在解题过程中提问，让孩子解释这一步是怎么来的，不要怕打断孩子的思路，如果孩子真正掌握了，是不怕被打断的，否则就还是没有真正掌握。

所以，在满足了以上几种情况后，家长才可以说孩子真的理解了，也会做题了。做到这些，孩子的考试成绩才能提高。家长在做这些判断时，不要被表面现象所蒙蔽，要搞清楚孩子掌握到什么程度才是真的懂了，哪些情况还会遗忘，不要听孩子自己说懂了就认为他懂了，而要看他实际的掌握程度，不仅要"听其言"，更要"观其行"。

第六节　初中学习时间变长，睡眠时间变短

从小学步入初中，学生们最大的变化之一是学习时间显著变长，睡眠时间明显变短，这是针对大部分学生来说的，当然也有例外。

学习时间变长是因为七年级一上来就开了语文、数学、英

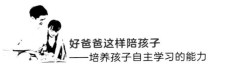

语、历史、地理、生物、道德与法治七门课，还不算美术、音乐、计算机之类的课。相比六年级，一下子就多了好几门课，不仅课程变多了，连上课时间也显著延长了。中午12点放学，下午5点放学，九年级甚至有晚上7点才放学的。

上课时间增加，各科作业也会增加，但不同的孩子作业完成的时间也是天差地别，有的孩子习惯好，作业写得快，能在七八点就完成课内作业。以数学为例，剩下的时间可以用来复习、整理笔记和错题本，还能做一些课外作业，除了提高对课内知识点的熟练度外，还可以适当做一些稍微难一点的题，拓展自己的思维能力。

从大脑发育的角度来看，相对应的刺激越多，这部分的功能就越发达，意思就是说，对思维能力的训练越多，思维能力就越强，做题就会越轻松。从大脑的机制上来说，做题越轻松，成就感就越强，大脑的奖赏机制就会让孩子产生满足感和愉悦感，这种感觉又会刺激孩子去进一步地去学新知识和更难的知识，从而造成正向反馈，即学习中的"马太效应"。

这种"马太效应"不仅反映在数学中，对于掌握了学习诀窍的孩子来说，各科的学习都是相通的，不管是文科还是理科。所以有很多数学学起来很轻松的孩子，其他各科学起来也很轻松，别人要到晚上10点才能完成作业，他可能8点就做完了，不仅如此，他还能兼顾体育运动及其他兴趣爱好。

至于睡眠时间变短，主要是因为作业变多，加上如果孩子没有良好的学习习惯，不能高效率地利用时间，每天光是完成作业都非常困难，那就势必会牺牲睡眠时间。

睡眠时间不足其实是非常不好的，不仅仅是因为孩子还在长身体，更重要的是睡眠是大脑休息和排出代谢废物的方式，更何况人的记忆修复和重组也是在睡眠中进行的。

对于正在上初中的孩子来说，如果每天睡得比较晚，那体内的褪黑素也会产生得比较晚，如果没有足够的睡眠，到了早上起床时，大脑内的褪黑素还有残留，这时就会感觉到昏昏沉沉，虽然人是起床了，但大脑基本上处于没有效率的工作状态。这样一来，上午10点前的课基本上听了也没记住、没理解，属于无效听课，和上课开小差没什么两样。所以，非常不建议熬夜学习，它不仅影响睡眠，而且大脑辛苦了一天，此时已经处于自我保护的机制，会主动降低学习效率。孩子因思维能力下降，题目做不出来，要记的内容记不住，写过的题、学过的知识也记不清。

与其这样低效地熬夜学习，不如调整一下作息，提早睡觉，把一些没做完的功课挪到第二天早上再做，这样既可以更快更有效地完成，还不会因精神不佳影响第二天的上课效果。不管做什么事情都要遵从大脑的运作方式和运行规律，让大脑更高效地为自己服务，这样才能学得轻松，用科学的方法轻松跑赢小伙伴。

总结一下，那些在初中学习成绩好的孩子都是充分利用了大脑的工作机制，在相同的时间内，学习效率更高，比别人学得更多，掌握得更多，同时能保证充足的睡眠，让大脑能够充分休息，为第二天继续高效学习做准备。

所谓脑子越用越灵，确实是有科学依据的，大脑内的神经突触虽然是用进废退，符合生物进化理论，但也不能超负荷，否则大脑就会罢工。要张弛有度，合理利用，科学安排。

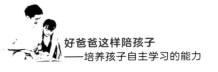

第七节　关于鸡头和凤尾

很多家长早早开始教育孩子,是为了避免孩子落入人员密集的内卷层,也是为了让孩子获得更好的教育资源。大家都知道,大到一个国家,小到一个城市,教育资源分布都是不均衡的,这就造成了好的学校人人都想上,但在僧多粥少的情况下,大家就只能通过各种方式往里挤了。

好在现在的好学校的录取还算公平,基本上是看成绩。以重点高中来说,除了自主招生取10%～20%的顶级生源外,其他生源都是按指标录取。什么意思呢?就是说每个初中(一般是指公立的,各地也不完全一样)都或多或少分配一定数量的指标,只要孩子在这个学校的排名在这个指标内,那就可以上重点高中。

说到这里,就有一个鸡头和凤尾的策略了,先来说第一层鸡头和凤尾。

某高中是省重点高中,排名比较靠前。每年招生人数大概是1100人,这里面通过自主招生的人数大约是150人,其他城区大约还能分配550人,剩下的就是各市县分配400人左右。

在城区的某初中是当地最好的初中,只分配到了大约170个名额,其他的学校有七八十个名额的,有二三十个名额的,甚至只有一两个名额的,而每个学校的人数都是差不多的。从分配名额来看,大家应该都去最好的初中,但现在不准择校,都是就近入学。某初中的教育水平要比其他初中高出一大截,每次联考排名总是遥遥领先,学校的名气在当地很大。

但是对于作为个体的家长和孩子来说,其实并不好过,因为除了每年考上其他高中的和自招的孩子外,某初中只有170个上重点高中的名额。这意味着孩子在平时的排名中至少要稳定在年级前250名,才有机会上重点高中。但在其他学校,只要能进年级前100名或前50名就可以进重点高中。说到这里大家可能不太明白,其他学校的竞争不是更激烈吗?

其实单看排名是看不出什么的,但如果从中考录取分数来看,大家就都明白了。假设该地区中考总分620分,某初中的录取分数线是561.5分,其他学校的录取分数线大约在530分到550分之间。这意味着什么呢?就是说孩子在某初中考550分都没机会上重点高中,但在其他学校考530多分就可以上。所以这是一个策略问题。

孩子在重点初中上学没问题,但如果不能进入年级前列,而是在做凤尾,那为什么不去其他学校做鸡头呢?如果家长多花点时间和精力把孩子培养成鸡头,这样一方面孩子不必承受太大的压力,另一方面孩子容易建立起自信心,将来考进重点高中后抗压能力也会强一点。

下面就要来说一下高中的鸡头和凤尾了(第二层)。还是以某高中来举例。按照前面的假设,某高中自主招生录取大约150人,然后再从中考总分排名靠前的人里面挑50~70人,凑成4个实验班,每个班差不多有70人。

每个班多了十几个孩子,老师的工作量平白无故多了20%~30%,如果是带两个实验班的课,那就相当于多了不止一半的工作量。本来进实验班的都是各个初中的牛娃,牛娃之间还要竞争,分出个三六九等。比起普通班,这些牛娃上课的进度更快,难度更大。班上至少一半的初中学霸都需要花费大量的课外时间才能勉强跟上老师的进度。

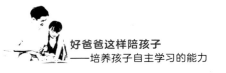

有的孩子本来考上了本校，上个平行班也挺好，平行班的学习氛围也不错，而且省重点的平行班的老师能差到哪去呢？分层教学主要是针对生源分层，老师虽然也有差别，但差别并不大。但这些孩子放着平行班的鸡头不当，非要挤进最好的班，每天上课都听不懂，不仅耽误课程的学习，还严重影响自信心。孩子压力大，也无处化解，总有一天会扛不住，结局不是退回平行班就是休学，这又是何必呢？

大家看着实验班的牛娃考试成绩都名列前茅，发出耀眼的光芒，殊不知这都是拿命拼出来的。某顶级大学的心理医生说过，他们学校20%~30%的大学新生都存在严重的心理问题，这就是凤尾后遗症。孩子智商高、习惯好、肯吃苦，才有可能在凤尾待下去而不受伤，换个角度想，当个鸡头不是更好吗？

尤其是那些能力达不到顶级学霸水平的孩子，大可以换个赛道，在适合自己的能力范围内做个鸡头。

所以家长要摆正自己的心态，不要为了一己私利而不顾孩子的实际情况，让孩子在适度的压力下发挥自己的优势，才是最好的选择。

第八节　普娃也能做学霸

有些家长之前觉得自家的孩子还是很不错的，似乎努努力就能到顶级学霸的位置，但看了我的说法后，就瞬间觉得孩子好像就没希望了。

其实大家也不必太过焦虑，前文说的那些顶级学霸（高中真学霸）应该具有的那些能力，确实是很重要的原因，但也不是说具有了这些能力,孩子在高中就是妥妥的真学霸了。

就像千里马,本身基因很好,但如果你怕它受伤或出状况,整天把它圈养在棚子里,时间长了,这千里马也就废了,连普通的马都跑不过。千里马为了保持善跑的状态,每天都要进行高强度的训练,为的就是保持良好的肌肉爆发力和持久的耐力,再加上良好的先天因素,普通的马肯定是很难超越的。

但你能说普通的马就是废物吗?当然不能。普通的马如果在优秀的训练师手里,经过科学的训练,并搭配优良的饮食,虽然很难超越千里马,但要做到紧紧跟随,还是可以的。

所以说,对于普娃来说,顶级学霸虽然遥不可及,但学霸的位置还是可以去争取的。因为学霸也是从普娃这么学上去的,大家的起点都差不多。

学霸之所以是学霸,在很多方面还是要比普娃强上不少的。大部分的学霸在理解力、记忆力、逻辑思维能力上可能有一两方面不是强项,但是他们会通过一些独特的学习方法,把自己的短板补齐,做到就算没有强项,但也没有短板。

其实,能做到没有短板,就已经跑赢了绝大部分的学生。反观高中,虽然高考中的压轴题难度确实不小,但那是用来区分顶级学霸和普通学霸的。对于绝大部分学生来说,高考拼的还是基础题,只不过这个基础题和中考的基础题相比难度大了一些。

所以,对于普娃来说,只要跑赢其他普娃,就是胜利。大部分的普娃基础不扎实,有些科目虽然有优势,但是偏科严重,最后一算总分此消彼长。

对于那些不甘做普娃的孩子来说,把基础打扎实,是最有效的逆袭方法。那如何才能把基础打扎实呢?这就要把时间往前推

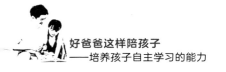

到初中了。

如果初中学有余力，就要开始计划提前学习高中的基础知识了。有条件的话，最好是能把高中数学、物理、化学的课本知识全部先过一遍，然后再通过刷配套习题尽量将新学的高中知识记住一部分。这样在高中再听老师讲第二遍时，对于之前不是很懂的一些知识，可能就会豁然开朗。这样就能跟上老师的节奏，比起没怎么提前学或者走马观花地学，基础知识学得更扎实，考试时成绩肯定会超过大部分普娃。

所以对手不要选错，这个很重要。正确认识自己的定位也很重要。

第九节　初中有两条路可实现进入高中甚至是重点高中

第一条路，从小学高年级开始提前学初中的知识，尤其是数学、物理知识，其实这么做的孩子大部分都是小学奥数学得还不错的、思维拓展得很好、学有余力的孩子。

这部分孩子已经打通了"任督二脉"，在理科的学习上已经不存在理解上的问题，只存在学没学过的问题了。所以他们可以在七年级一年内就把大部分普娃需要三年才学完的初中数学、物理课程全部学完，不仅如此，因为理解能力超强，为了求稳，还可以花半年时间，选择性地刷一定数量的题，便可完全掌握初中的数学、物理知识。

一大部分原来搞竞赛的孩子现在都选择放弃竞赛转向高考，那么在还剩下的一年半时间里，再继续学初中的知识就没必要

第八章 关于初中和高中孩子的教育

了，基本上都会开始学习高中的理科知识。

这些孩子因为提前学了高中的知识，所以在一些重点高中的自主招生考试中就会占很大的优势，凭借着自主招生考试的良好成绩提前锁定重点高中，其中大部分孩子还可以锁定重点班，选择最好的老师组合，从而在高中又占尽优势。

这条路的基本思路就是抢跑、提前学，但前提是要经过小学奥数的"筛选"，确定自家孩子有这个提前学的能力，否则便会适得其反，不仅因为题目有难度，孩子理解不了，还会因为初中知识学习时间短，基础知识掌握不牢固，根基不稳，影响将来初中和高中的学习。因此要慎重，不要为了走这条路而强行学奥数和提前学初中的内容。

其实对于大部分的普娃来说，走第二条路更加稳妥，成功率也并不低。第二条路就是老老实实，一步一步来，不要心存幻想、心存侥幸。从最基础的四则运算开始，一个单元一个单元地熟练掌握。走这条路的孩子也是可以提前学的，但每个学期提前学半个学期的内容就可以了，争取每个知识点能学2~3遍，不求快，但求稳。

每个知识点的基础知识要牢固掌握，不留任何死角，在此基础上，再来加大难度，适当地进行拔高训练，保证自己所学的知识点都能熟练掌握，然后在九年级进行压轴题的刷题训练，争取用大半个学期把压轴题熟练掌握。

因为中考既要考虑区分度，又要考虑每个梯度的人数分布尽量均匀，所以绝大部分题目都是基础题，只有十多分的压轴题。如果考试习惯好，压轴题掌握得比较好，基本上都能考出非常高的分数。这类孩子因为基础好，习惯好，所以考试往往得高分，

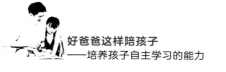

中考反而更占优势,同样也能进入重点高中的重点班。

这两条路各有千秋,关键还是要看自家孩子到底属于哪一类,选最适合自家孩子的那条路。每个选择都没有对错之分,有时候快是优势,有时候慢就是快,一个是勇往直前,一个是厚积薄发,最终目标都是进入重点高中的重点班。

第十节　初中的孩子为什么不听话

一般孩子到了初中都会表现出非常强的逆反心理,甚至有时是一种叛逆。孩子到了初中为什么会变得不听话?在家长看来,一点微不足道的小事就能让他激动、发飙。

首先,我们从生理上简单说一下。进入初中后,孩子们都开始了第二次发育,第二性征变得明显,这是表象。身体里面的激素水平也会显著增高,尤其是雄性激素,男孩和女孩的身体里都有。

大家都知道,雄性激素水平过高时,人会容易冲动,很多时候做事都是凭本能而不经过大脑,所以经常会做出一些过激的举动,这不仅会发生在同龄人之间,也会经常发生在孩子和家长之间。

其次,孩子在心理方面有了变化。随着孩子的第二次发育,外形开始接近大人,心理上也开始摆脱对父母的依赖,想独立面对世界,想像成年人一样可以自己掌控自己的生活,不愿意再被控制。

了解了孩子的生理、心理变化后,家长就要注意,自己也要做出相应的改变才能适应孩子、理解孩子,重新建立和孩子的亲

第八章 关于初中和高中孩子的教育

子关系。

那么该如何来适应孩子呢？这里仍旧要从生理和心理两方面来说。

大家都知道，治理洪水要靠疏而不能靠堵。对孩子来说也是一样的，孩子体内激素水平过高，就一定会找地方发泄。有的会找同学吵架、打架，有的会在家里打砸东西，有的会沉迷游戏、网络，有的甚至会自残或伤害小动物等。

那么怎么办呢？有时间的家长就要每周抽时间陪孩子运动，各种运动都行，比如球类比赛、游泳、跑步、爬山等，如果没时间，那就花钱请教练陪孩子运动。总之，尽量让孩子把过剩的精力消耗掉，运动还能促进多巴胺分泌，让人身心愉悦。

要想从心理上来疏导孩子，就要懂得人际关系的三大技巧。

第一，想采蜜就请先善待蜂巢。如果想让孩子和你好好说话，那你就应该好好地和孩子说话。

再直白一点，你如果不想让处于青春期的孩子总是跟你顶嘴，那就应该反思一下，自己是不是总以一种居高临下的态度、语气和孩子说话？如果是这样的，那就需要尽快改掉。这就好比说话盛气凌人的同学要么没人理，要么就有人怼，而说话平和的同学人缘好。

第二，懂得尊重与赞美他人。如何能让一个人听你的话，为你做事？只有一种情况，那就是他心甘情愿。那如何才能让孩子自愿听你的话呢？

首先，你要满足他（这里指的是心理上的）。他得到了重视，就会感到满足，有成就感，就愿意听你的。

其次，你要懂得尊重和赞美他。你要把孩子当成一个成年人

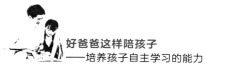

来看,你对一个成年人是如何做的,你就如何对你的孩子做,还要懂得巧妙地利用赞美来让他身心愉悦。

第三,换位思考。其实我觉得这点是最重要的,你只有站在孩子的角度来思考,才能理解他为什么会对你的某些语言或行为大发雷霆或顶嘴。

如果家长能做到这三点,再处理和孩子的关系,就会容易很多,会发现孩子也没那么逆反。

大部分家长在初中阶段还是想要压制、控制孩子,而孩子想要独立,不想被控制,这种矛盾不可调和。家长如果不肯让步,一味紧逼,只会造成亲子关系紧张,极端情况下甚至酿出人间悲剧。

了解了青春期的孩子,了解了如何"对付"青春期的孩子,接下来就考验家长的执行力了。

第十一节　如何与青春期的孩子相处(一)

孩子进入初中后,尤其是进入八年级后,会变得非常没有耐心,对家长说的话非常不耐烦。这时家长就要注意一个原则——"事不过三",即同一件事情最好只跟孩子说一遍,万不得已才再说一遍,切记千万不要开口说第三遍。

孩子刚进入青春期,此时他开始有自己的独立人格,开始独立思考问题,他最迫切想做的事情就是摆脱父母的管教,自己独当一面。但对于父母来说,孩子越不听话,就越想要管束他,那么两种欲望碰撞,难免会产生矛盾,如果双方都不退让的话,很容易造成亲子关系紧张。

碰到这种情况，指望孩子退让是比较困难的，虽然家长可以强行压制孩子，但这不是好的处理方法，那么就只能家长选择退让了，该说的话一定要说，不过千万不要反复说。家长虽然选择退让，但并不是一味退让而没有原则，家长要有一个底线，如果孩子碰到底线，家长就要强硬，孩子没触及底线，家长就要和孩子强调一下。

比如，有的孩子跟家长约定每个周末玩2个小时的游戏，但前提是作业全部做完。

下面两种情况下，处理方式就完全不同。

（1）孩子作业全部做完，游戏也已经玩了2个小时，但孩子那局游戏还没完，还差10分钟，这时孩子要求延长到这局游戏结束再停止，家长应该选择让步，同意孩子的要求。

（2）如果孩子作业没做完，要求先玩游戏再做作业，那么家长要寸步不让，孩子不做完作业，游戏一秒都不能玩。

第十二节　如何与青春期的孩子相处（二）

孩子进入初中后，家长应该试着和孩子平等沟通。这句话说起来容易做起来难。其实并不是因为家长没有决心和孩子平等沟通，而是家长并不知道如何和孩子平等沟通。很多时候家长自认为和孩子的对话是平等的，但实际上从孩子的角度来看，并非如此。

即使家长已经给予孩子更多的尊重，但是在沟通过程中还是不免"居高临下"。毕竟亲子之间和朋友之间、同学之间那种平等关系不是一回事，家长难免会忽视与子女沟通时的"分

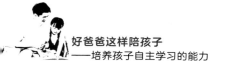

寸感"。

举个例子,比如天冷了,爸妈会唠叨:"外面这么冷,你怎么不多穿点?"但是朋友之间最多说句:"你今天穿这么少,不冷吗?"

毫无疑问,父母的出发点是好的,但未必有效果。问题往往出在不恰当的沟通方式上。

家长突然改变态度和孩子沟通,孩子刚开始会不适应,会本能地处于防御状态。如果家长的沟通没采用恰当的方式,那孩子也是难以给予回应的。

比如,孩子这次数学考试没考好,以前家长可能会质问:"为什么没考好?"孩子肯定会找一堆理由。现在家长可能觉得应该问得委婉点:"为什么你的数学成绩又下降了?"其实还是没用,孩子还是会找理由,因为说话的方式不对。家长要尽量避免问"为什么"和"怎么做",而是多问"怎么了""是不是"。比如刚才那个问题,家长可以问:"这学期数学是不是变难了?"以引起孩子的共情,让孩子感觉到家长和自己是站在同一战线的,不是站在对立面的,这样孩子才容易卸下防备,和家长真正交心。

第十三节　心理健康和学习成绩同样重要

从中考的角度来说,成绩确实是一个非常重要的指标,但如果把日常重心全部放到学习上,也是一种风险非常大的操作模式。以下分几个方面来简单讲一下。

首先,我们要承认学习成绩确实是一个非常重要的量化指标，因为对于绝大部分的孩子来说，中考成绩排名是决定自己能否上高中的一个硬性指标。当然，一些重点高中都会有一些指标到校的政策，主要是为了照顾当地一些初中的就近入学政策，留住一些好的生源。除去重点高中的自主招生、点招、指标到校政策外，其他的孩子只要成绩能过分数线，都是有高中可以读的，只不过高中也有优劣之分而已，但基本上是公平的。

其实除去公平外，也有分层的意思。中考总分六七百分，若孩子只考了二三百分，家长硬让孩子进高中，对孩子来说未必是好事。高中知识的难度、广度和深度都比初中高很多，逼着不擅长学习的孩子去学习，对孩子、对家长都是一种痛苦。

所以对于初中成绩在前20%或后30%的孩子来说，学习就不是唯一需要重视的事情了。对于成绩在前20%的孩子来说，能排在这个位置说明基础知识非常扎实，成绩相对稳定，同时学有余力，除了可以提前学高中的知识外，还应该适当发展一下其他方面的能力。比如演讲、辩论这类口才方面的能力是很多孩子比较缺乏的。很多孩子在人前张不开口，无法和陌生人进行沟通。这在步入大学或者开始工作后会极大地限制他的发挥空间，能力再强，如果无法跟人沟通，也可能与很多有发展潜力的职业无缘。

对于成绩总是垫底的后30%的孩子来说，学习成绩垫底是有客观原因的。家长可以考虑让孩子早点换赛道，充分做好准备工作，将来孩子也会比大多数人强。在这里有个观念要更正一下，有些孩子的学习成绩不好，并不代表孩子笨，只能说明孩子不擅长学习而已。这类孩子中有些动手能力特别强，做手工、剪纸都特别厉害，家长要善于发现孩子的特长，及时转换思路。

对于夹在中间的这部分孩子来说，在中考成绩还没出来之

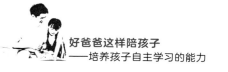

前，无论如何都是要拼一下的，否则不仅家长不甘心，孩子也不甘心。这类孩子的家长除了要关心孩子的学习外，还有一点要特别留意，就是孩子的心理状态。

因为这部分孩子处在一个内卷层中，这里面人员密集，大家分数接近，没人敢确定自己一定能上高中，不到分数线出来的那一刻，谁心里也没底。所以无论是家长还是孩子，心理压力都是很大的。如果孩子长期处于巨大的压力下，又没有地方可以宣泄、释放，很容易造成心理发育不正常，所以家长要特别关注自家孩子的心理健康问题。

如果孩子平时和家长沟通密切，话很多，突然有一段时间孩子变得不爱说话，避开家里人，回家就躲在房间里，吃饭也和平时不同（吃得少或吃得多，不知道饱），心情也不是很好，那家长就要高度重视，这多半都是抑郁症的前兆。各位家长要敏感一点，不要不当回事，早发现，早点和孩子沟通，了解孩子的真实情况，适当地帮孩子减减压，多去户外活动，甚至可以把排名预期适当下调一点，不要让孩子承受太大的心理压力。

脑科学家的研究表明，长期处于很大的压力下，青少年的大脑会受到损伤，有些损伤甚至是不可修复的。当今社会里的大人、小孩的压力都远大于以前，所以心理出问题的人要比以前多得多。

现在学校一般都配有心理医生或心理辅导老师。孩子如果有自己解决不了的心理问题，可以及时去找学校的心理医生或心理辅导老师，让他们帮助评估自己的状态。早发现，早干预，早治疗，早点减少孩子的心理痛苦。

第三部分 综合篇

第九章
关于孩子要了解的内容

第一节 小学、初中、高中的学习侧重点

很多家长都知道要督促孩子往前学,但是在不同的阶段孩子应该达到什么水平,很多家长并不知道或者不是很清楚。

因为大部分家长的注意力都在一些具体的事情上,比如每天要监督孩子完成学校的作业,等等。这些都没有错,在细节上很多家长都做得非常好,尤其是小学生家长。

如果跳出小学的某一年级,而是看整个小学阶段,孩子应该掌握哪些学习技能呢?

其实在整个小学阶段,最应该培养的是孩子对学习的兴趣和对知识的渴望,将来到了初中,孩子就能内生出学习的动力。对学习的兴趣主要包括阅读的兴趣、学英语的兴趣、学数学的兴趣。尤其是学数学的兴趣,不光是要感兴趣,而且要学得好,包括奥数,这将决定孩子将来高中能达到的高度,因此家长要特别重视。

第九章 关于孩子要了解的内容

小学的数学成绩不能预知你的孩子将来能否当学霸，但奥数成绩可以。如果你的孩子小学数学学得好，奥数不行，那他初中也可能进入学霸行列，但到高中就不行了。

小学阶段，数学学得好的和奥数学得好的差别不大，基本上看不出来，但是打个比方，这两者一个是走路，另一个已经开始学骑车了。

初中阶段，除了继续保持对学习的兴趣外，还要注意对学习习惯的培养。初中阶段仅靠学习热情是没有办法一直保持领先的，但各种良好的学习习惯能帮到孩子。

八年级一个学期需要掌握的知识量跟整个小学差不多，如果没有良好的学习习惯，孩子早就不知道掉队到哪里了。如果孩子学习习惯很好，即使不是那种特别聪明的孩子，也依然可以保持在学霸行列，从而顺利进入重点高中。

初中阶段的重点在打基础，要想基础打得好，学习习惯是关键。就好比你在骑自行车，他在骑摩托车，虽然有差距，但差距不大。

高中阶段，光有学习兴趣和良好的学习习惯也不够用了。这时就需要更加重视学习方法的运用和学习能力的培养了。高中一个学期的知识量比整个初中还要多，所以高效的学习方法显得尤为重要，死记硬背在高中是没有出路的。

高中阶段基础要打好，依靠难题、压轴题和别人拉开距离。这部分的学习要讲究方法，单纯靠刷题是无法提升的，反而会消耗大量的时间。奥数学得好的同学在这方面的优势就逐渐凸显出来了，比如善于总结归纳、举一反三、触类旁通，善于借助外力，善于思考等。

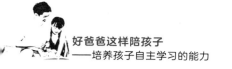

初中的难题、压轴题可以通过死记硬背七大方法八大解法之类的套路来做,至少能做对一大半,但这些方法在高中行不通,高中的压轴题是把很多个知识点综合起来考查。

所以高中的学霸都是物理、数学特别好的,尤其是顶级学霸,那更是触类旁通,门门科目都好,一通百通。

总结:

小学——学习兴趣。

初中——学习习惯。

高中——学习方法。

三样都很重要,每个阶段都有侧重点,对应的侧重点搞好了,即使成绩不是顶尖,也不必焦虑,到了高中一定会有厚报。

第二节　低年级学霸到了初中、高中也会分化

为什么很多小学的学霸到了初中就会分化,一部分继续是学霸,另一部分就开始变得普通?

小学的考试分数很高,反映的只是小学阶段的知识掌握得很好,基础还是比较不错的,但是到了初中,如果不能够及时转变观念,还是用小学那套学习方法,就明显不适应了。

小学的学习方法是什么?小学考试中带拐弯的题比较少,大部分的题都是一目了然的。学习方法还是以死记硬背为主,因为题目比较直观,需要理解记忆的地方非常少,孩子平时缺乏这方面的训练,所以到了初中,如果没有及时转变这种观念和学习习惯,那么肯定会不适应。

所以我建议要让孩子去试一下奥数,不管孩子有没有这方面

的天赋。题目太难了，就降级学简单一点的，不是为了竞赛，只是为了让孩子锻炼一下逻辑思维能力，这也是初中学习需要掌握的能力，孩子早点接触，也就能早点适应。

不需要冲着难题去，只要让孩子做一些能理解的题就行了，目的在于开阔眼界，把形象思维方式升级成抽象思维方式。这一块主要还是为理科做准备，尤其是数学。对于其他文科科目，小学学霸一样是能学得好的，不用担心，而一般被拉下来的就是数学和物理。

那为什么初中的学霸到了高中后也会分化，一部分继续谱写神话，另一部分则会掉下神坛？

按理说，在初中已经形成了抽象思维，难道高中不用抽象思维了吗？其实并不是，高中不仅需要抽象思维，还需要把这种思维方式再次升级，从线性的抽象思维转变成发散性的分层思维。

什么意思？就是说思考问题不要太单一。高中的理科尤其是数学，综合性非常强，一道题里面往往几个概念互相嵌套，但先解谁后解谁是有讲究的，不能因为对某个概念比较熟，就先朝它下手，否则就像走迷宫一样，走了一大段才发现是条死路。所以不能这样去思考问题，要从多个角度去思考到底哪个方向最有可能解开谜团。

其实，高中阶段一部分初中学霸陷落的主要原因在学习效率和学习方法上。

大家都知道，高中的课业负担很重，做作业、刷题和复习的时间是非常有限的，作业量又很大。很多时候时间基本上都已经接近使用极限了，再挤时间就只能是牺牲睡眠、休息时间，那是得不偿失的，也是无法长期坚持下去的，所以是不可取的。

那么，那些在高中还能保持学霸地位的牛娃是如何解决这个问题的呢？

我们先来说学习效率的问题。提高学习效率有两个方面，如下：

第一，提高做题速度。要想提高做题速度，前提是先训练自己提高读题速度，然后提高计算速度。这些对孩子的大脑要求比较高，要通过一定的训练，才可以做到。但此方法也有一个致命的缺陷，就是做题正确率会受影响，因为做题正确率和做题速度有一个平衡点，在这个平衡点附近，做题速度很快，也能保持较高的正确率，但一旦超过了平衡点，做题速度越快，错误率越高，所以也不能无限制地提高速度，这个平衡点需要孩子自己摸索，尝试着来把握，不要偏离。

第二，合理分配任务。这个任务是指做作业、刷题、复习、预习、整理错题、整理笔记等。那分配的原则是什么呢？就是把任务根据轻重缓急分类，然后按照优先级别选择先做、后做或不做。既紧迫又重要的事情要马上去做。这件事情在短期内会带来较大的收益，需要优先完成，比如一些重要的作业、当天的笔记复习整理等。重要但不紧迫的事情要抽时间做。这些事情虽然短期看不到收益，但长期来看不可或缺，比如列计划、归纳总结、整理错题等。紧迫但不重要的事情，能不做就不做。比如孩子现在已经放弃竞赛了，但还有同学拿竞赛题来向他请教，孩子应直接拒绝。既不紧迫也不重要的事情，想做也不要做。将这些事情搁置是最好的选择，等高考后再来做，比如读一本与考试内容无关的书等。

第三节　关于学习的兴趣、习惯、方法之间的关系

这三者之间需要注意侧重点，三者本身并没有什么特别直接的联系。在小学、初中和高中不同的阶段，三者之间的侧重点并不相同。

在小学阶段，大部分孩子刚开始知识启蒙，绝大部分的知识都是最初级、最基础的。比如语文，基本上是拼音、汉字、词语、句子、小作文；数学，基本上是围绕四则运算展开的各种计算、概念，以及基于语文的应用题；英语，基本上是以单词、简单句子和听力为主。

对于这些基础知识，需要孩子用高深巧妙的方法和技巧来解题吗？不需要，只要孩子通过记忆，然后经过一定量的刷题就可以记住。需要孩子记笔记、记错题、提前预习、复习吗？可要可不要，很多孩子只要上课认真听讲，放学回家认真完成作业，再适当做一些课外作业，都能掌握课本知识。

那到底什么才是最需要的呢？从父母的角度来说，要给孩子规划好整个高考前的学习生涯，以此为基础，倒推孩子从小的学习计划；从孩子的角度来说，要让孩子从小就对各科的学习产生浓厚的兴趣，包括将来初中、高中要学到的科目。

说到这里，我就要抛出一个盖楼理论。假设我们想要盖一栋高楼，那这栋楼的高度是要预先定好的。在盖楼之前，这栋楼想设计多高都行，只要是现有的建筑水平能达到的高度都可以，当然也要考虑造价是不是在自己可以承受的范围内。

因此，首先应该是根据需要设计出一份规划图，才能开始打地基，然后才能慢慢盖楼。等地基打好，开始往上盖楼，就不能随

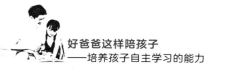

意增加楼层数和高度了。比如你想盖20层楼，盖了一半后你突然心血来潮，想改成40层楼，这是不可以的，因为你的地基是按照20层楼来打的，若改成40层楼，地基肯定承受不住，就会倾斜、断裂，最后造成大楼倒塌。但如果我们在规划时就按照最高标准来设计，这个地基打得足够牢固，那么后面就可以按照你的想法来盖楼了，即使你想盖100层或200层楼都是可以的。

其实小学就是打地基的阶段。这个地基可不是大部分家长认为的多学点基础知识，而是孩子对各科的学习兴趣。孩子对各科的学习兴趣有多大，那这个地基就打得有多深，将来的楼就可以盖多高。基础知识充其量也就算是地基里的钢筋，学得越多，地基就越牢固。

说了这么多，就是要告诉家长，在小学阶段，不止是低年级的语文、数学、英语，还有高年级的科学、历史、地理等学科都要开始重视，让孩子产生持续的浓厚的兴趣，因为兴趣是最好的老师，兴趣才能激发求知欲，为以后的学习产生源源不断的内驱力。

在小学阶段，学习兴趣排第一位，学习习惯排第二位，学习方法排第三位。想让孩子将来超过大多数孩子，那就不能和大多数孩子走相同的路。

那到了初中阶段，该怎么安排侧重点呢？初中阶段所学知识难度加大，但相对于高中来说，仍旧是在学习基础知识，而且中考也主要围绕基础知识出题，由于小学阶段培养的学习兴趣仍旧在起作用，这时再把培养学习兴趣作为首要任务就没有必要了。

在初中阶段，我们需要培养许多良好的学习习惯，这些学习习惯可以规范孩子的行为，避免许多非智力因素导致学习成绩不

第九章 关于孩子要了解的内容

好。比如记笔记的习惯、课后复习的习惯、记错题的习惯等。大部分的初中知识并不需要太多高深巧妙的学习方法,只要孩子能养成很多好的学习习惯,文科、理科的绝大部分知识都能掌握得很好。

在盖楼理论中,初中的学习习惯就像是整栋楼的框架结构,只要这个结构稳固,那整栋大楼就坚固无比。

因此,在初中阶段,学习习惯排第一位,学习方法排第二位,学习兴趣排第三位。想超过绝大多数孩子,学习的策略不能错,良好的学习习惯才是孩子打牢初中基础的坚强后盾。

在高中阶段,在初中所学的知识大部分都只能当作基本工具来运用,高中所学的知识难度更深,需要孩子的思维能力更加强大,那这时还想以记笔记、记错题、勤复习之类的好习惯来维持好成绩已经效果趋微了,最多也就能保证听懂课本知识,但想熟练运用知识来解题,就没那么容易了。

对于文科,好的学习习惯仍然有效,但对于理科来说,基本没用了,因为理科对于解题的综合能力要求更高了,孩子只把课本知识记住是没办法解题的。所以就要运用各种学习方法来提高自己的理解能力和思维能力,让自己能迅速解决包含多个知识点的综合题,使自己长期保持在一个更高的层次上。

那在盖楼理论中,高中的学习方法就像是整栋大楼的内外装修,好的方法就像是采用了更多的科技成果,让使用的人充分享受科技带来的效率和便利,也让这座大楼拥有更高的价值。

在高中阶段,学习方法排在第一位,学习习惯排在第二位,学习兴趣排在第三位。谁掌握了好的学习方法,谁就拥有了更高阶的知识,轻松地占据学霸的位置,高考后将会拥有更好的

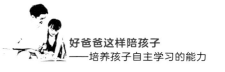

明天。

经过上面的分析,我们了解学习兴趣、学习习惯和学习方法在不同阶段有不同的侧重点。如果按照我说的去做,在每个阶段采用不同的侧重点来学习,在初期可能看不出什么分别,但是越到初中和高中,其作用就越来越大,优势也越来越明显,这就是在合适的时间用科学的方法教育孩子。

第四节 初中、高中的语文到底该怎么学

如果孩子在小学阅读了大量的书籍,初中刚开始没找到方法,作文写不好是没关系的。

有两种方法可以帮孩子提高写作水平。

一种是看各地的中考满分作文,一是看人家具体是怎么写的,二是看点评,同时还要学习写作文的各种要素、写作技巧,如果素材够多,是可以把写作水平提起来的。

另一种就是找个作文教得好的老师,跟着老师学习如何把各种实战技巧应用到各种作文题中,然后对着各种作文题自己写作文,让老师批改,找出作文中写得好的地方和不足之处,争取各种类型的作文都写一篇,并当作范文记下来。

其实高考中很多满分作文并不是考试时临场发挥出来的,而是平时早就写过类似的文章,考试时现场修改然后写出来的。所以对于作文,要把功夫放在平时,多写、多看、多琢磨。

阅读理解,主要是听老师讲答题模板,俗称"套路",照着套路答题,八九不离十,平时也要做大量的阅读理解题,提高自己的答题能力。

对于古诗词，首先要做到全部背诵，然后记牢各种字、词的用法，接着翻译，既要意思准确，又要通顺。没捷径，就是死记硬背。

其他的属于文字方面的基本功，比如拼音、笔画、笔顺、各种结构等。

所以，我觉得语文学得不好的孩子，从初中要趁早开始学，见效至少是两三个学期后的事，千万别等到九年级了语文不行才着急，那时就来不及了。

对于其他科目都比较优秀，但语文在七年级结束时还没得过100分的孩子，最好先把语文的薄弱环节分析出来，然后有针对性地学习，有目的地做题，不用整套整套地刷卷子，掌握得好的部分适当刷一些题就行了，掌握得不好或没掌握的就要经常刷题，有时间的话最好每天都刷一点。

语文学习确实是可以熟能生巧的，做得多，感悟就多，当然需要足够长的时间积累，厚积薄发，从量变到质变。

经过初中一年，如果孩子对语文没开窍就不要心存侥幸了，这说明要等孩子自己对语文开窍可能要到30岁以后了——丰富的人生经历和社会的无情摔打，才会使他们有所感悟。但是中考、高考不等人，人生也不可能重来一次，所以别人的经历、经验要懂得借鉴。

第五节　如何讲数学题

其实讲题目，不在于一次讲多少道题，而是在于讲的每道题，孩子有没有听懂。如果孩子听完了，还是和自己看答案或解

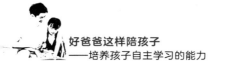

析时一样发蒙,那就说明题没有讲清楚。因为很多答案会简化步骤,很多解析只强调分析,步骤不完整,所以很多孩子会看不懂答案,或者说会非常费时间,效率很低。

以某压轴题为例,如果是给名列前茅的孩子讲这道题,大概5分钟就可以讲完,第一问根本就不用讲,第二问提示用相似,然后指出是哪两个三角形相似,让孩子自己去琢磨,第三问指出先确定n的范围,然后分类讨论,具体情况简单一讲,就完成了。这类孩子基本上是一点就通,老师只需要开个头提点一下,孩子就知道下一步该怎么做了,甚至有的孩子在老师还没开始讲时就已经做出来了。

但是对于普娃来说,老师讲课如果想跳过一个步骤或直接引用一个推论,没说明是怎么来的,就会发现台下大家都是蒙的,没听懂。

对于压轴题,本来综合性就很高,老师在讲解过程中就不能跳步骤,必须把每一步是怎么来的讲解清楚,虽然讲太细会花费很多时间,但孩子另外花费的时间就会少很多,因为他在课上就已经基本上听懂了。不仅是这道题听懂了,而且对于这类题的解题思路也有了相对清晰的认识,如果再有针对性地做几道同类型的题巩固一下,基本上前两问的分是稳拿的,第三问能拿到1~2分的步骤分。

我给孩子讲题也是如此,首先花2~3分钟让孩子把题目读懂,然后让孩子先试着做一下,接着就开始讲题,一个步骤都不漏,讲完后如果孩子表示听懂了,就开始做练习题,做完练习题后让孩子讲一题,能完整讲出来就说明真正掌握了。

如果家长选择在家自己辅导孩子,对于数学有两点要特别注意。一是在讲大题之前要自己先做一遍，然后你才能体会到解题过程中需要注意的地方有哪些，讲题时就要重点讲，并且要确保孩子真正听懂了。二是讲题不要跳步骤，每一步是怎么来的要讲清楚，不要嫌麻烦。你讲清楚了，孩子听懂了，一遍过；你没讲清楚，孩子没听懂，就得讲好几遍。

如何确定孩子真的听明白了呢？最好的检验方法就是让孩子看着题目直接给你讲一遍，顺畅流利地讲完说明真懂了，磕磕巴巴地讲说明没真懂，之后还要反复巩固练习，这时不要另外多做题，而是先把例题完全搞懂。

很多时候孩子说听懂了并不是真的懂了，而是以为自己懂了。让孩子讲题并不单纯是为了确认孩子是否真的懂了，其实在讲题的过程中，孩子会再次思考，同时也会加深理解。最好让孩子把题目讲完后再回顾一下这道题的解题思路是什么，考了哪些知识点，解题的关键是哪步。如果孩子能做到这些，那比盲目地做十道同类的题还要有效。

这就好比你去一个从未去过的地方，如果只有一条笔直的大路，即使有几十公里，你肯定也会很容易记住怎么去。但如果这条路走几百米就要转几个弯，再走几百米又要转几个弯，这样弯弯绕绕几次，哪怕只有几公里的路程，你也未必能记清楚如何去。但如果你一边走一边做标记，然后再多走几次，那就能很容易地记住怎么去了。听、做、讲、复习、训练就是强化掌握的过程，和记路是一个道理。

掌握了这个方法，大家就知道该如何给孩子讲题了。

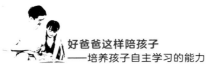

第六节 如何利用教辅和课外阅读材料

有很多家长买了很多的教辅或课外阅读材料,但没有很好地把这些课外书籍利用起来,大多是直接拿给孩子就没有下文了。其实这样做的效果并不好,当然,如果纯粹只是当闲暇之余的消遣的话,那就另说。

给孩子买了那么多的课外书籍,该如何引导孩子使用才能发挥出最大的效果呢?

首先,对于学前及小学低年级的孩子来说,受限于识字量以及眼部发育,并不适合阅读字数特别多的书籍。一方面,如果孩子不认识的字多,阅读起来需要不停地打断来搞清楚意思,会影响阅读体验。另一方面,如果孩子的眼睛长时间聚焦于比较小的字,容易造成视觉疲劳甚至近视。所以对于这个年龄段的孩子来说,亲子阅读是最好的方式,尤其是家长可以把绘本内容读给孩子听。孩子一边看着绘本上的故事情节,一边顺便认几个字,同时还对故事情节产生浓厚的兴趣。

通常一本绘本需要给孩子读至少十遍,并且让孩子试着给家长讲故事情节,达到基本上能完全复述的程度,这本绘本才算是完成了它的使命。对于那些科普类的绘本,则可以隔段时间就拿出来让孩子反复阅读。随着年龄的增长,孩子对相同内容的理解也会逐渐加深,为将来学数学、物理、化学、历史、地理、生物提前打基础。

其次,对于小学高年级的孩子来说,还采用亲子阅读的方式就不合适了。不是说家长不用参与了,而是要采用孩子自主阅读的方式。家长需要做的就是提前告诉孩子,阅读这篇文章时要带着问题去读，要思考这篇文章告诉了我们什么，有什么深层次的含义，让我们增长了哪些方面的知识，让孩子读完后回答前面的问题。

但这对很多家长来说是很难做到的，为什么呢？第一，家长很忙，做不到全程跟随。第二，家长也不是很懂阅读，没法判断孩子读的效果怎么样。如果家长参与度不高，很难坚持督促孩子，那孩子就更难坚持读下来，因为这样读书并不是一种很舒适的读法，大部分孩子刚开始是比较抗拒的。

那怎么办呢？一个人独行很难，但一群人同行就会相对容易，大家可以互相鼓励，互相监督，互相促进，所以就在各种社群中建立了各式各样的打卡群。我觉得这种打卡群是非常好的一种方式，让一群有共同目标的人互相扶持着坚持走下去，因为坚持到底就是胜利。所以大家可以去找这样的打卡群，找不到就约几个熟人建一个，效果会很好。

最后，对于初中的孩子来说，阅读的针对性比较强。因为初中学习任务重，没有多少空余时间来阅读，所以要在有限的时间内做针对性较强的阅读，把好钢用到刀刃上。这段时期的阅读要从应时、应景、应试这几个方面来做阅读，辅以配套的练习来加强巩固，让自己的阅读理解能力得到提升。

到了初中阶段，如果孩子在小学的阅读积累不够的话，那就要阅读和做题相结合，尽可能地储备素材，同时答题方法、模板、技巧要能结合实际活学活用，不要生搬硬套、死记硬背。阅读技巧可以采用小学高年级的精读方法，但是要求会更多，同时要提高阅读速度，提高理解能力。其实这对孩子阅读素材的广度和深度都有要求，所以初中的阅读对内容要求更高，课外书籍的挑选就尤为重要了。

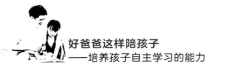

第七节　平时考试不要太在意

其实平常的考试，比如月考，孩子有时没考好没关系，因为这样能暴露出平时学得不扎实的地方，再有针对性地学习，效率会更高。把问题消灭在平时，孩子在期中、期末考试中就会尽量少犯错误，从而考高分。

很多时候，在初中的学习中，孩子因为缺乏检验手段，以为自己掌握了知识，并不知道还有哪些薄弱环节，只有在月考、期中、期末考试中才能发现问题。这对很多人来说是让人沮丧的事情，但当孩子发现了问题并将其解决，在大考中就能少丢分。

在考完试后，让孩子找到自己犯了哪些错误，思考如何避免再犯，并且第一时间将错误记在错题本上。

说到错题本，高中的错题本和初中的错题本是有很大差别的。高中知识量多、题量大，每道错题都记在错题本上是一件非常浪费时间的事情。所以高中的错题本就要增加一项：归纳总结。

同一单元类似的错题只记一道就可以了，并且要在旁边注明这类题需要注意的地方，对同种类型或相同、相似知识点容易出现的问题或各种对应的解法进行归纳总结。

死记硬背在高中是没多大效果的，也许对单一知识点的考查有用，但由于高中考试中各题都在考查综合知识点，如果不能完全理解每个知识点的应用与解法，只是简单去套用某个固定解法，是很容易碰壁的，时间久了，会产生很强的挫败感。

所以，一旦开始进入高中，首先要让孩子改变观念，不要把在初中觉得好用的学习方法简单拿来继续用，脑子里要时刻想着"理解记忆，归纳总结，学会找方法，多问同学、老师，问懂为止"。不要觉得自己在初中是学霸，到高中问同学、老师问题是很丢人的事情。要知道能考上重点高中的都是当地初中的学霸。只不过在高中，有人还是学霸，有人却不是。在高中，问题目、问笔记都不丢人，考低分才丢人，所以要拉下脸皮，不懂就问。

第八节　如何正确面对错误

考试成绩出来后，自然是有人喜有人忧。有人考好了，就肯定有人会考差，所以排名起起落落也很正常。没有人可以一直拿第一，成绩在一个固定的范围内波动是非常正常的，超过这个范围，就要认真反思自己了。

家长为了教育孩子，在网上到处看文章，加入各种群，就是为了让孩子少走弯路，不要犯战略性的错误，即大错误不能犯，小错误可以不断，让孩子去亲自体验一个个小错误，然后从这些小错误中总结经验教训，逐渐成长起来。

从这个角度来说，失败是成功之母。但如果是原则性的失败，那只能是被彻底打败，也没时间回炉重造，可以考虑其他赛道。

那么对于那些小错误，我们该如何来面对呢？

如果孩子把每次没考好的原因归咎于题目太难、粗心等，没有从自身来找原因，那就说明孩子是一种逃避型人格。逃避型人格会让孩子在碰到任何一个困难时，不管困难大小，不管是学习上的还是生活上的，都会找各种借口来逃避，要不就是让爹妈

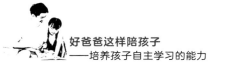

出面来给他解决。结果就是痛失成长的机会，孩子即使是上了高中、大学，将来走上社会，仍旧会是一个巨婴。

如果孩子从小就不能正确认识自己，接受自己的不完美，那他是不可能从内心深处接受这些小错误的，只会怪罪到其他人身上，反正自己是不会有错的。

说回到学习上，每次考试或作业中出现的错题，都要摘抄到错题本上，不仅要把详细的解析过程写上，同时还要把错误的真正原因写上去。往往自身才是造成错误的真正原因，如果总是写外部原因，那这类题永远也不能解决，总是会错。那么就无法进步，无法把这些曾经的错误变成宝贵的经验。

所以家长在向前辈们取经时要注意抓大放小，大坑没必要去亲自踩一遍，绕过去就好，小坑可以让孩子自己去踩，这是成长的必经之路。如果孩子从小就大坑小坑都成功避开，那就是在一个无菌室里长大的花骨朵儿，对外界没有任何免疫力，一旦脱离了"无菌"的环境，必将重新经历一遍踩坑的过程，此时付出的代价要远远大过上学时的代价。

所以要让孩子从小就锻炼自己面对错误的勇气，从自身找原因，才能真正变得强大。任何一个学霸都是靠从一个又一个坑中总结经验教训走过来的，尤其是在一些重要的考试中总结经验教训，目的就是将来在更重要的考试中不犯相同的错误。

第九节 晚上学习效率低该怎么办

晚上八九点的时候，如果孩子学习时出现哈欠连天、学习效

第九章
关于孩子要了解的内容

率低下（如做题慢、错误率高、要背诵的半天也记不住等）的情况，家长最好不要强迫孩子继续学习，最有效的办法是让孩子趴在桌子上睡10分钟左右，然后叫醒孩子继续学习。之后，你会发现孩子就像换了个人似的，能很快进入学习状态，效率比没睡之前要提高好几倍。

这是为什么呢？因为人经过了一个下午和晚上几个小时（如果没睡午觉就还要加上早上的几个小时）的工作，大脑能量的消耗非常大，同时大脑产生的代谢废物也会变多，这时大脑的自我保护机制就会强迫大脑减少工作，降低能量消耗，并且想办法排出代谢废物。

这时如果强行通过外界刺激，比如喝咖啡、喝浓茶、吃薄荷糖或者喝含牛磺酸的饮料，虽然可以短暂保持大脑清醒，但大脑里面的代谢废物无法排出，过不了多久，就又回到不清醒和低效率的状态了。

大脑是非常有意思的器官，它在保持清醒的状态下是无法将自身代谢废物排出的，必须在休息或睡着的状态下才可以通过脑脊液将自身代谢废物排出。

所以到了晚上，孩子很困的时候，允许他睡10分钟，让脑脊液赶紧将一部分废物排出去，可以避免大脑的自我保护机制妨碍正常学习，人就能高效地坚持1～2小时。

这是学霸保持高效学习的一个很有效的方法，可以让孩子试一试。注意，刚开始犯困时不能用，要到非常困时才可以用，不要随便用，也不要每天都用。要不然会形成生物钟，从而到那个点就会犯困。

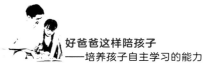

第十节　孩子在初中、高中的教育中要注意的三点

在教育或培养孩子的过程中，要特别注意以下三点，一是基础要打牢，二是目标要适度拔高，三是不要高估孩子的能力。

对于第一点，其实大家心里都已经很清楚了。万丈高楼平地起，牢固的基础知识是孩子超越同龄人的第一步。基础知识掌握得牢固，将来才能帮助孩子去理解更深层次的知识，孩子才有机会比别人更快、更容易地掌握较难的知识。更重要的一点是，在当前的中考、高考中，基础题仍旧占了总分的绝大部分，想办法把基础题的分全部拿到，孩子就算是一只脚已经踏进了重点高中和重点大学了。

其实大家要明白，中考和高考并不是要选智商最高的那批人，因为最聪明的那批人根本就不会通过中考和高考，而是通过其他途径早早就被各种顶级高中和大学录取，赛道完全不同。

中考和高考，主要是选拔出那些能踏踏实实学习，有良好的学习习惯，以及善于寻找最佳学习方法的孩子，他们将能进入重点高中和大学，将来进入社会能成为各行各业的中坚力量。

除了那些特别聪明的孩子外，还有一部分孩子也足够聪明，反映在学习中就是对新知识的接受能力比较强，理解能力也不错，难题也可以做出来，但是由于过分自信，对相对简单的基础知识不屑一顾，从而造成基础知识掌握薄弱却不自知。每逢大型考试，分数却不理想。所以这类孩子总是觉得老天对自己不公，如果这类孩子不做出任何改变的话，将来高考不会有很好的结果。忽视了基础知识，再聪明的孩子也很难让自己的排名保持在前列。

第九章
关于孩子要了解的内容

关于第二点，人性的弱点让孩子不会主动脱离原来的舒适区，所以必须有外力来推动他。要在竞争机制下逼着自己不断地挑战上限，最大限度地发挥出潜能。

设立一个自己稍稍努力就可以够得着的目标，这样做的好处是目标在自己能力范围内，孩子有动力驱动自己去达成目标。不仅如此，因为目标较容易实现，孩子比较有成就感，容易满足大脑的"奖赏机制"，让自己身心愉悦，容易"上瘾"。随着时间的推移，一个个小目标逐渐实现，从量变到质变，孩子最后会有一个巨大的飞跃。

关于第三点，其实这是一个压力承受极限的问题。不管是孩子还是大人，对某种压力的承受能力都是有限度的，适度的压力确实可以推着孩子前进，但超过了这个限度，不仅不能帮助孩子前进，反而会让孩子滋生出一种畏难情绪。

畏难情绪一旦产生，就会让人产生非常消极的想法，这是阻止学习进步的最大障碍。人的大脑是具有自我保护机制的。当一种压力大到一定程度时，大脑中的杏仁核就会在"战斗或逃跑"中做出选择：一般压力时，大脑大部分时候都会选择"战斗"模式，要战胜压力；但当压力过大时，大脑就会选择"逃跑"模式，尤其是处在发育期的青少年，对压力的反应更加敏感。

所以我们要尽力避免那些不切实际的目标，同时不要过高估计孩子的承受能力，尤其是不要按照别人家的孩子的标准来要求自家的孩子，这是非常不可取的。前文也多次说过，孩子小学时的成绩具有一定的欺骗性，到了初中要重新评估孩子的真实水平，尽量避免误判，放低姿态，可以先把孩子当普娃，然后一步步逐渐提升，如果孩子真是牛娃终究还会变成牛娃，是普娃也不

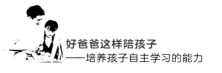

会因为压力过大而出现畏难情绪,甚至厌学。

过分高估孩子的能力,最后因为达不到期望而出现巨大的心理落差,不仅是家长,孩子也会遭受巨大的打击,会出现畏难情绪,严重的还会出现成绩剧烈下滑,甚至连普娃都不如,所以家长要保持头脑清醒,客观评估,才是真正对孩子负责。

第十一节　学习的"术"与"道"

有的孩子小学成绩还不错,但到了初中就没那么好了,进到最好的学校最好的班,排名比较靠后了,关键是感觉学习没动力了,不太想努力了,该怎么办?

其实这是大多数家长会遇到的问题,因为家长看问题的维度不同,教育的重心不同,最后出来的效果肯定也就不同了。

我观察一个学习群里的小学段的家长,发现一个很有趣的现象,每天几百条、上千条的发言都是关于如何学习英语的,包括学什么教材,用什么App,还有孩子在几年级就达到了哪个水平,就像打了鸡血一样。对数学也就仅限于学奥数、做什么教辅,语文基本上很少讨论,学习习惯、短期见不到效果的就更没人讨论了。

其实这些家长对孩子的学习都很上心,只可惜他们都只是停留在"术"的高度。我这里说的"术",主要是指具体的学习方法和学习内容。"术"很重要,因为所有的知识都要通过"术"来进行积累,但如果仅仅在"术"的高度花大力气,所取得的成就非常有限。

比如很多小学生的家长都知道要提前学,要抢先发优势,在小学甚至到七年级，抢跑的先发优势还是明显的，但从八年级开始可能就不一定有用了。因为大部分的家长只会关注孩子对知识方面的提前掌握，却忽略了孩子在学习能力方面的培养，尤其是自主学习的能力，而这些单从"术"的高度是达不到的，必须从"道"的高度才行。

"道"是什么？"道"就是学习习惯和学习能力。相对于"术"的具体化、可量化甚至可视化，"道"更抽象，需要更长的时间才能达到。厚积薄发、从量变到质变就是指"道"。

只掌握"术"的学霸，他的成绩取决于他所做过的题、见过的题型，他可以通过提前学、海量刷题来让自己具有一定的优势，在平时的考试中，这种优势还是很明显的。但到了区分度明显的自主招生考试时，或进入高中后，真正掌握了"道"的孩子就会赶超这种只掌握了"术"的孩子。

因为掌握了"道"的孩子对题目的分析能力、理解能力、计算能力都非常强。对于见过的题型，掌握"术"的孩子会，掌握"道"的孩子同样会；对于没见过的题型，掌握"术"的孩子做不出来，掌握"道"的孩子靠较强的逻辑思维和分析能力就能做出来，这就是能力的差距。

那该如何从"道"的高度来教育孩子呢？首先家长自己要有"道"的意识，不要觉得只有学习知识才是最重要的，自主学习的能力和逻辑思维的能力也是孩子应该具有的能力，而且这个能力应该从小学就开始培养，尤其是自主学习的能力，落实到更具体的操作上就是对学习习惯的培养。其实家长最不重视的学习习惯，是将来孩子在初中、高中用来超越大部分人的核心动力。如果真等到要用的时候，才发现小学时根本就没有系统地培养，初

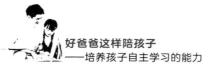

中、高中学习起来也会动力不足，费了很大劲、花了很大代价也是收效甚微。

第十二节　关于死记硬背和理解记忆的话题

其实，孩子从小学甚至是从开始学说话就接触背诵了。背诵分为两类，一类是基础类知识的背诵；一类是应用类知识的背诵。

下面我就从学科上简单地分类讨论一下。

1. 语文

对于语文来说，哪些属于基础知识呢？比如汉字的读写、拼音、笔画、笔顺、文章的作者、古诗词作者等这一类的知识点，就是要求死记硬背的，没办法通过理解来背诵，属于最基础的、最底层的知识，就像电脑的操作系统，没有它，电脑就没法工作一样。这是必须牢记的，通过机械的背诵来沉淀到大脑的深处。

除了以上的基础知识，其他的都算是应用类知识了。应用类知识当然是建议在理解的基础上来记忆了，这样既容易记住，也不容易遗忘。当然，根据艾宾浩斯遗忘曲线，学习语文还是要经常复习，只有反复记忆，才能记得牢固。

2. 数学

对于数学来说，同语文类似，四则运算的基本法则、各种数学概念、定理、公式等这类基础知识，都是需要通过死记硬背记在脑海里的。

除了这些，其他的基本上都是通过大量的刷题练习来提高熟练度和加深理解。

3. 英语

对于小学生学英语，刚开始主要还是通过死记硬背来记忆一部分单词和句子，为的是能进行最基本的学习，在这个基础上，再通过各种学英语的方法来记忆更多的英语单词。

我的孩子小学英语学得好，主要是因为教英语的班主任每天带着他们背单词、背课文、上台表演情景对话，每周还有一节外教课学口语，另外学一套全英文版的《典范英语》，所以整个班的学生的英语词汇量、语感、口语都学得非常好。方法简单粗暴，就是死记硬背，但对小学英语的学习效果出奇得好。

但是到了高中，这种方法明显就不适用了。首先在高中学习中留给英语的时间不如小学和初中多，其次要背的词汇量也加大了，所以高中时虽然也被要求背课文，但没那么严格了，学生能根据意思背个大概就行，不要求一词不差。背单词也开始用词根词缀法，背一个单词就相当于背了几个甚至十几个单词，将跟这个单词有关的词汇"一网打尽"。

4. 物理

物理和数学差不多，都是偏理科的学科，但又和数学稍微有些区别。那就是物理的基础概念特别多，各个章节都有大量的概念要记，而且很多概念都是要抠字眼的，所以必须死记硬背，尤其是关键字必须一字不差。否则孩子对概念都不清晰，公式都用不对，如何能正确解题呢？尤其是选择题，文字描述一大堆，各选项看起来都有道理，差别就在于那几个关键字，如果没背熟，凭印象或凭理解来做题，八成做不对。

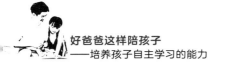

5. 其他几科

化学、历史、地理、生物、道德与法治,这五门有很多地方要死记硬背,但很多地方也要理解性记忆,否则,这么大的记忆量,单靠死记硬背肯定容易忘,具体方法有很多,我就不班门弄斧了。

总体来说,分清楚哪些是要死记硬背的,哪些是要理解记忆的,就知道应该怎样去做了。凡事都要讲究方法,了解本质,才能对症下药,并事半功倍。

🎓 第十三节　知道和做到,学过和学会

家长在孩子教育中的作用非常大,尤其是在小学和初中阶段。家长的认知状态就决定了孩子的学习成绩能处于什么阶层。家长的认知状态和家长的受教育程度并没有什么太直接的联系,换句话说就是家长的学历高低并不能反映家长在教育孩子方面有没有优势。

那家长对孩子的教育越上心,是不是就一定能教育好孩子呢?也不一定。现在家长对孩子教育的知识主要来自网络,虽然网络可以快速传播知识,并且拥有海量知识,但也有它的弊端,那就是绝大部分知识都无法辨别真伪,这就让家长在寻找育儿知识过程中面临大量类似知识的选择,导致不知如何取舍,然后选择困难,并引发焦虑。

就算家长经过重重困难,通过自己的聪明才智,找到适合自己孩子的方法,但最后如何落实到孩子身上,却成了另外一件更难实现的事情。

第九章
关于孩子要了解的内容

如何落实一个好的有效的教育方式才是真正考验家长的事情。

把抽象的知识变成具体的实践，是一个漫长的过程，可能是几年甚至是十几年，考验的是家长的毅力和耐心。而且家长要面对的不是一个机器，而是一个有智慧、有自己思想的孩子。所以难度是非常大的，整个教育过程中还会出现各种预料不到的变数。

家长如果对自己的孩子有所期望，那就应该早早进行规划，尽早帮孩子养成良好的生活习惯和学习习惯。孩子在每个年龄段应该掌握什么知识是家长应该早知道的事情，至于学习中遇到的具体的知识内容，这个层面的问题都不算是真正的问题，而是属于知识层面的问题，随着年龄的增长、学习难度的增加，都会得到解决（尤其是小学阶段的知识）。

所以家长在这方面不要太过纠结，随着年龄的增长，孩子的理解力也会增加，原来不能理解的知识都会理解。但如果没有养成良好的自主学习的习惯，那才会造成后面学习成绩的下降，不能继续保持之前的水平。因此，家长一定要搞清楚自己该知道什么，该做到什么，这才是最重要的事情。

那对于孩子来说，知道和做到就不是最主要的事情了，因为孩子在学习的过程中各种具体的知识肯定是要学（知道）和掌握（做到）的。除了学校要求掌握的基本知识，大部分孩子都不满足现状，需要提前学。对于学有余力的孩子来说，肯定是要提前学的，但提前学也要把握好度。

有很多家长只片面追求学习内容的量，对提前学的进度要求比较多，让孩子一味地往前学，孩子也只是仅限于知识的扫盲，

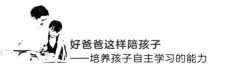

对内容的深度只是浅尝辄止。这样的提前学,表面上是有一定的先发优势,但其实属于银样镴枪头——中看不中用。

在理解掌握的前提下提前学,才是真正高效的学习。孩子的总学习时间是有限的,那么提前学就要保证学会才有意义,否则只是学过而没有学会,那这个时间实际上就是浪费了,因为后面还是要回过头来花时间重新掌握那些没掌握的新学知识,表面上看进度提前了不少,但实际上还不如基础扎实的学法。

对于孩子来说,提前学如果不能真正掌握,那还不如老老实实跟着学校的进度把基础学扎实,这其实更适合大部分普娃。

最后总结一下,对于家长而言,不仅要知道,更要做到,对孩子的教育要提高到习惯和能力的层次,不要局限于具体的知识,视野要高一点,不要"身在山中不见山"。对于孩子,除了要养成良好的学习习惯外,对于知识的学习不能局限于学过,更要学会、学精,注重基础,不要好高骛远,因为贪多嚼不烂。

第十四节 教育孩子是场马拉松(一)

教育孩子的过程是一个家长重新认识自己和孩子的过程,家长的很多不切实际的想法或认知会在这个过程中被一点点地纠正。每个孩子都继承了父母各自一半的基因,但为什么有的孩子成绩超过当年的父母,有的孩子成绩却比当年的父母差很多呢?

在这里抛开基因突变的因素不谈,大部分的孩子的学习成绩都受到外部环境和内部环境的影响。外部环境包括整个大环境,比如说三十年前,孩子以完成课内作业作为学习任务,虽然课内所学内容比现在要更多、更难,但也就仅限于此了,家长对于孩子的教育也就是"上课听老师的话，好好学习"这类话，家长不懂该如何教育孩子，同时对学校的老师也是完全信任。

通过在学校的学习中自然分层，一部分好学生考上高中和中专（很多人可能不知道，当时的中专分数线是要远高于高中的分数线的），差学生就去技校，还有一部分直接走上社会。大家都接受这种现实，有些知道自己不是读书的料，早早地就规划自己将来会走哪条路。家长最多也就是恨铁不成钢，焦虑的心情基本上是没有的。

反观现在的大环境，随着时代的发展大家都富裕，这时没有人希望自己的孩子还像当年的自己那样辛苦，但不辛苦的路主要还是上大学这一条，路还是原来那条路，尽管也拓宽了不少（扩招），但走的人太多了，就变得拥挤不堪。

外部小环境就是每个家长都不认为自己的孩子一出生就注定将来要去干那些辛苦的活，因为身边总有很多"读书改变命运"的故事刺激着家长的神经，让他们无论如何都要让孩子去试一下。

内部环境包括家庭环境和个人。家庭环境就是以家庭为单位来培养孩子的环境，个人就是孩子的反应。由于大环境的原因，教育孩子是一件不可避免的事情，所以家长就要正确面对该如何教育孩子，以及该如何正确认识自己孩子属于什么层次（赛道）的问题，只有这样，家长才能避免焦虑，也能尽量减轻孩子的学习痛苦。

首先，家长要了解孩子在每个生理发育阶段的大脑发育特点，有针对性地对孩子进行启发教育，不要盲目地提前教孩子超过他理解范围的知识，不要迷信所谓"神童""天才"的超过认

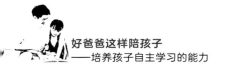

知常理的特例。

你能看到的只是表象,你不知道将来的情况如何。举个最简单的例子,"少年班"的选拔制度实行了几十年,也很少听到从少年班出来的孩子有什么过人之处,和那些一步一步参加中考、高考,上大学,然后读研究生出来的人比也没有什么绝对的优势,甚至可能还有所不及,所以不要神化"天才"。

其次,家长要了解哪些知识可以提前学,哪些知识不要提前学。教育孩子是场马拉松,提前加速只能透支体力,并不能帮助孩子顺利到达终点。家长需要的是如何顺利跑完全程的策略。有经验的长跑运动员都知道,前期并不需要和别人拉开差距,而是应当紧跟大团体。而那些急于表现的人,虽然短期能冲到前面,但因体力消耗太大,跑不到一半就得减速,否则无法跑到终点,半路就得退出。

有经验的运动员到了中期,就会找出那些真正有实力的运动员,然后紧紧跟随,始终保持在第一梯队,和其他人逐渐拉开距离。这时那些实力不济的运动员,虽然跟着第一梯队,但已经有些吃力。

到了最后阶段,那些真正有实力的运动员就开始逐渐发力,慢慢甩开那些实力不济的运动员。在最后冲刺阶段,也就剩少数几个人去争夺前几名,其他的大部分人都被甩在了后面。

其实家长就像是运动员的教练,除了平时的训练,就是在比赛中给他加水、补充能量和电解质,给他加油鼓劲,帮助他顺利到达终点。对于大部分马拉松运动员来说,拿第一不是目标,跑完全程才是目标。就好比大部分家长教育孩子,去清北不是目标,那是梦想,考上一本才是目标。

第十五节　教育孩子是场马拉松（二）

跑马拉松的三个阶段就像是学前和小学阶段、初中阶段、高中阶段。大部分的马拉松选手的目标并不是拿第一名或获奖，因为大部分人都是普通人，能坚持跑完全程就算成功。

有的家长认为自己的孩子是天才、神童，难道就因为孩子比邻居家的孩子早几天说话，或者比小区的其他孩子多认识几个字、多说几句英语？如果家长有这种认知错误，那在今后教育孩子的过程中肯定会出现偏差，最后的结果与教育孩子的目的南辕北辙。

所以在学前和小学阶段，家长的认知非常重要。如果认知出现偏差，就会不切实际地去让孩子学一些超过他理解能力的知识。从大脑发育的角度来说，超过大脑理解能力的知识，并不能刺激大脑的发育，反而会因为大脑的自我保护机制而抑制相关方面的学习兴趣，大脑在"战斗"或"逃跑"中选择了"逃跑"，从而逃避这种超过大脑负荷的学习。

在学前和小学低年级阶段，能让大脑产生反应的主要是声、光、触觉、味觉、嗅觉、语言、简单运动等直观的外部刺激，这部分的刺激可以促进大脑对应部位的发育。换句话说，你如果要教育这个阶段的孩子，应该通过各类有趣的书本、音频、视频、游戏、运动、乐器、手工等来刺激孩子大脑的发育，这些都是正向的刺激，大脑对这个世界的认知就是通过这些有趣的方式来实现的。

如果此时你把那些奥数题拿来教孩子做，孩子理解起来非常吃力，很多时候只是凭着记忆力强行记住，这并没有什么好处，

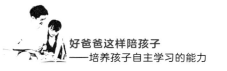

因为大脑还没发育到可以形成逻辑思维的阶段。对于孩子来说，这些知识并不能促使他发展出真正的逻辑思维，抽象复杂的世界孩子是很难理解的，所见即所得才是他们的思维方式。所以此时最好把精力放在语文和英语的学习上，这些都属于孩子能轻松理解的知识。这样做能有效缓解家长的焦虑，同时还能让孩子真正学到东西，一举两得。

到了小学高年级，一些孩子的大脑发育较快，已经可以理解一些逻辑层面的知识，这时就可以适当地开始学小学奥数。小学奥数虽然有一小部分的内容涉及了初中和高中的知识，但是非常浅显，家长不要觉得学小学奥数就是提前学初中和高中的知识，两者不完全对等。

学小学奥数的真正目的是锻炼孩子的逻辑思维能力，因为小学的奥数题所用的方法有限，但要解出那些远超平时考试难度的题，就必须一层一层地解题，这个解题的过程就是对每个逻辑关系的思考，锻炼的就是对逻辑思维能力，所以思考和解题的过程比解出的结果重要。

对于小学生来说，平时考试哪怕次次拿满分也不能说明什么，因为这些都是在他这个年龄段应该掌握的知识，不值得炫耀。即使在小学阶段学完了初中的数学也不能说明什么，因为虽然从知识的层面来说，他学过了这些知识，但从底层的逻辑思维能力来说，绝大部分孩子的大脑都还不具备这种能力。通俗地说，就是孩子可能认识这个字，但并不知道这个字应该怎么用。

所以在小学阶段，孩子首先要做到的是先把课内知识掌握牢固，然后再来拓展语文和英语，以及科学、人文、历史、地理等各方面的启蒙，培养各方面的学习兴趣，养成一些最基本的学习习惯。最后在能力范围内学一学奥数，培养一下逻辑思维能力。如果没有择校的压力，只要保持在班里中上游的水平，孩子在小学基本上就算是达标了。小学领不领跑关系不大，家长不要过于焦虑，要明白背后深层次的逻辑。

第十六节　教育孩子是场马拉松（三）

初中和小学的学习模式是完全不同的。从初中的角度回头看小学的学习，会发现小学基本上算是放养，学习强度和初中比也是不算什么的。

在初中阶段，家长要搞清楚初中的整个学习过程是怎样的，做到心中有数后，才能有针对性地教育孩子，产生好的效果，否则徒增焦虑，还会破坏亲子关系。

先说语文，初中的语文相对于小学来说，课文的字数变多，开始出现一些需要思考才能体会出内涵的文章，和小学高年级的课外精读是差不多的，有的课文还会更简单些。同时，一些修辞手法以及字、词、句的更高级的应用都在逐步加深，这些都在为现代文的阅读理解打基础。字、词、句这部分内容开始注重字、词、语法、标点符号的用法、句式变换等，一直到高中这部分内容的学习都不会停止，这属于基础知识。

初中和小学的最大的一个差别就是古诗词和文言文的学习。到了初中，古诗词就不局限于五言、七言绝句，还会有更多的长诗，除了背诵诗文，还要了解背景、意境、修辞手法，能够翻译诗文。文言文要求就更高了，不仅包括前面的要求，还要加上实词和虚词的用法、各种句式的用法、句子的翻译、整篇的意译

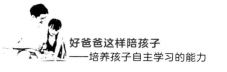

等,相当于变相的阅读理解。

关于初中的作文,作文体裁还是主要以记叙文为主,这部分老师讲得也够详细,我就不展开说了。写作文需要长期的训练,除了一些写作的基本套路,孩子的知识储备也很关键,这又和阅读紧密相关。另外,课内要求阅读的书已经足够多,但是有些书读起来很累,孩子没有阅读乐趣,这时家长要想办法找到一些解读来帮孩子加深理解。

初中的英语就还好,课内的也就是词汇、语法、阅读理解和作文。对于大多数孩子来说,小学就开始重视英语,初中不会有任何压力,主要是加强作文的训练。

真正难倒大家的还是数学。数学往小了说就是代数和几何,往大了说就是整个理科的基础。七年级的数学还能承上启下,从有理数的四则运算开始,引入方程和几何的初步概念。在这一年中,孩子必须完成从形象思维的思考方式到抽象思维的思考方式的转变,方法就是多刷题和提前学。否则,一到八年级,一上来就是全等三角形和一次函数及因式分解,直接就难倒了孩子,而这又恰恰是初中数学的精髓,这一年的知识没学好,初中数学别想拿高分。九年级的一元二次方程、二次函数和圆与相似则是整个初中难度最大的部分,拉开孩子之间差距的就是这几部分内容。而八年级的知识没掌握好,九年级的这几部分内容就别想学好,可谓一环扣一环。

初中的物理基本上把高中物理涉及的内容都涵盖了,涉及的知识点并不算太多,但理解起来还是有难度的,主要分为三部分。

第一部分,物理概念的分析与运用。这里面比较难的包括力的分析、杠杆和滑轮、浮力、密度和压强，这几部分对概念的掌握要求非常高，要熟练掌握概念，做题时严格按照概念来分析，就不容易出错。这部分的计算非常少，但是解题逻辑较为复杂，很多孩子看着看着就看迷糊了，因为大部分的题目也比较长，整道题目看下来，有时就会看了后面忘了前面，对语文的阅读理解能力要求比较高。

第二部分，物理的计算题。这部分比较难的就是机械效率的计算和电功率的计算。其中，电功率的综合题一般都会作被为中考压轴题，里面复杂的计算和概念的运用会让很多人心生畏惧。这部分内容归根结底还是以基本概念为基础来进行分析，然后列出式子进行计算。同一个物理量，本身就有好几个不同的公式可以计算，但题目中通常会把这几个式子中会用到的数据都提供出来，需要自己判断到底应该用哪几个数据来计算，有些数据可能是干扰项，根本就不会用到，这时孩子就容易搞迷糊，用错公式，最后把题目算错。

最难的部分还是要数电学部分，因为电路的设计千变万化，没有套路可循，但只需要记住电路的两个基本连接方式：并联和串联。任何复杂的电路最后都要化简成这两种基本电路，然后运用万能的欧姆定律进行解题，电路分析非常重要，这部分没学好，做题肯定不能得心应手。

第三部分，实验论述题。实验题本身并不难，难就难在对步骤的顺序和实验器材的使用要求比较严格，这就需要对每个实验都要记得非常清楚，甚至有时还需要自己设计一套实验方法来验证某个物理现象，还会涉及数据的测量，所以对整个物理章节的知识要非常熟悉。这部分就是细节决定成败的典型。

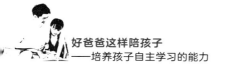

第十七节 教育孩子是场马拉松(四)

初中的化学大概可以分成元素和化合物、化学反应方程式及化学实验。

元素和化合物这部分属于基础,因为在化学的概念里面,万物都是由元素和化合物组成的,各种物质的性质、特点都要记住。当然,记忆方法多种多样,不一定非要死记硬背。如果这些内容没有熟记,那后面的两部分内容也很难学得好。

初中的化学反应方程式主要还是无机化学这部分内容,相对比较简单,只要注意两点,一个是反应条件,另一个就是配平方程式,那剩下的不管是计算还是问答就不会出问题了。

化学实验其实和物理实验差不多,注重的也是细节方面,包括化学反应产生的现象和生成物的收集方法等。另外要注意,对现象的描述不要混淆成对化学产生的生成物的名称的描述。举个例子,白磷燃烧产生大量的白烟,在实验中的描述就是白烟,千万不能描述成五氧化二磷,但描述化学反应时就是生成五氧化二磷,这是特别要注意的地方。

历史从大的方面来看分为中国古代史、中国近现代史和世界历史。中国古代史和世界历史都是以时间线为主轴,然后穿插各种大事件,相对比较简单。比较难的是中国近现代史,事件密集而且类似,需要花大量时间去区别记忆,但不管如何,作为文科生来说,平时多花功夫,记住这些并不算一件有难度的事情。

真正难的是材料解析题,这类题基本上不会从课本上取材料,都是来自一些孩子从未涉猎的历史材料,或者某些统计材料,然后让孩子来分析背后的历史背景和重要意义或结论之类的。对大多数孩子来说，直接自己答题肯定很难答到点子上，因为光是把材料读懂都很不容易，所以材料解析题只能通过平时练习答题套路才有可能多得分，语文学得好的孩子可能会有优势。

地理的内容比较杂多，相对来说，规律性的内容较少，记起来比较费时间，但如果结合地球仪来理解的话，相对容易些。当然，如果几何学得好，做一些地理的计算题也会容易些。对于这类文科，要把功夫花在平时，每次课后都尽量把当堂内容消化掉，这是相对容易学好这门课的方法了。既然是文科，当然也是有答题技巧的，从历年的考试情况来看，学生一般得分情况都还可以，所以也不必太担心，地理还是相对容易学好的。

生物从记忆的角度来说其实和化学差不多，就是要把每章具体的内容记得非常清楚，不能搞混，要抠字眼、抓细节。除此之外，实验操作题也需要把步骤和细节记得非常清楚。但好在生物的框架非常清晰，虽然细节很琐碎，但整体来说不容易弄混，所以如果肯花时间，还是很容易学好的。

道德与法治就不说了，每个地方都不同，一般来说背提纲就可以了。

其实对于初中各科的学习，如果能用思维导图的形式来整理归类，那记忆会更加容易，事半功倍。

家长看完这些，应该对初中阶段教育孩子有个整体的概念了，孩子在每科上面应该掌握到什么程度，心里应该有个底了。此外孩子还需要养成一些初中生该有的良好学习习惯，这点在前文已经多次说过，这里不再赘述。

养成了良好的学习习惯后，再针对每科的特点采用一些具体的学习方法，孩子的成绩就容易提高。

第十章
关于家长要了解的内容

第一节　家长这个职业

家长这个职业很有意思，不管你是清华或北大毕业的，还是没上过大学的，也不管你是博士或硕士，还是读完初中就出去打工的，在教育孩子这方面，大家的起点都是一样的。

孩子是一张白纸，如何在这张白纸上画出美妙的图案，考验的就是家长，而不是孩子。

家长也像学生一样，分成差、中、好、优秀不同的等级。注意，差家长在孩子眼里未必是表现不好的家长。比如有些家长在教育孩子方面不上心，但在满足孩子物质欲望方面却很慷慨；有些家长对孩子施行放养式教育，学习全部丢给学校，回家啥也不管；有些家长奉行"快乐教育"，陪着孩子到处玩，就是不管学习。

这些家长在我眼里都是"差生"，但孩子很喜欢。这些家

第十章
关于家长要了解的内容

长在孩子小的时候过得很舒服,每天轻轻松松,还能玩自己想玩的。但是随着孩子年龄的增长,各种问题都会出现,并且大部分问题都会伴随着孩子的一生,导致家长的后半生也会痛苦不堪。

比如有的孩子能力低下(不是智力),挣的钱没有花的钱多,总是啃老,在家长满足不了其日益增长的开销后,便打骂父母。有些还会因为父母在自己小时候没有教育好自己而怪罪甚至恨自己的父母。

还有很多家长知道孩子要从小教育好,而且不少从孩子1岁多就开始各种启蒙教育了。尤其是"80后""90后"的家长,对孩子的教育是非常重视的。

现在关于教育的书籍、视频、App非常多,让人眼花缭乱,不知道该如何选择,但是孩子的人生只有一次,选错了路也没办法重新来过,真是让人纠结。

优秀的家长应该有大局观,因为你是孩子前半生的掌舵者。如果你不知道该如何来规划孩子的学习生涯,那么可以采用一种倒推的方法来逐步分解每个阶段的学习规划,化整为零,最后逐步落实到具体的学习中。

如何倒推呢?首先要为孩子的将来确定一个目标,如果父母都是重点大学毕业,那目标就可以定为清北,如果父母都是普通大学毕业,那可以将目标定为985……以此类推。

以清北为例开始倒推,如果要考上清北,以湖北省为例,湖北现在每年的高考人数大概35万,清北在湖北每年招生不超过300名,那孩子在全省的排名就要进入前300名。

那分摊到孩子所在的重点高中,范围差不多是20名以内,也就是说孩子在重点高中的排名不能低于年级前20名。继续往前

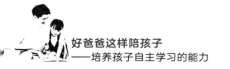

推,如果要在重点高中排在前20名,那孩子在当地重点初中的排名就不能低于前10名。

通过分解,你大概就能知道,孩子要想考上清北,那首先得考上重点初中,并且在初中八年级和九年级的排名要在年级前10名以内。

剩下的就是搞清楚如何才能考上重点初中了。要搞清楚考上重点初中分数要达到多少,然后要达到这个分数应该如何学习,学习哪几科,如果自学需要达到什么程度,如果提前学要学到什么程度,应该从什么时候开始学。

分析到这里,大概每个家长都清楚针对自己孩子应该怎么来规划了。规划完后,就是具体的计划了,先制定每学期要达到什么目标,再把这个目标继续拆分到每个月、每天,你和孩子就都清楚自己每天要干什么,以及为什么不能浪费时间了。

一步一步,按部就班,把学习压力分摊到每一天,孩子就会在不知不觉中慢慢变成想要成为的样子。

有个数据大家可能都不知道,其实有70%以上的教师都教不好自己的孩子,甚至他们的孩子上的大学比他们自己的要差。所以有能力的家长可以自己教孩子,督促孩子完成计划。尤其是在初中和高中,要善于借助外力,不要轻易放手,不要让自己和孩子功亏一篑。

第二节 当家长是门技术活

其实很多家长也知道应该怎么做,但用到自己孩子身上就是没效果,否则按照现在网络这么发达的情况,怎么没有做到人人都是学霸呢?其实,知道和做到是完全不同的两件事情,就好比学校每学期开学就把课本、作业、学习资料都发给学生了,按理说学生自己就可以学习了,为什么还要去学校听老师讲课呢?为什么听不同的老师讲,学生也会有不同的成绩呢?

对于学生来说,新课本就像是一本漫画书,走马观花地翻阅一遍是很容易,再让他反复看,他就会觉得自己已经看过了,没兴趣了,但实际上,他可能连里面的知识的10%都没有记住。

实际上老师的存在就是为了带领学生掌握课本上的知识点,并通过作业和练习来熟练掌握。我总结了一些孩子在实际上课中掌握知识的情况,得出了以下一些结论。

- 提前预习,5%~10%的掌握程度。
- 上课认真听讲,20%~30%的掌握程度。
- 课后做作业练习,20%~30%的掌握程度。
- 课后认真整理、记忆笔记,10%~20%的掌握程度。
- 考前复习,5%~10%的掌握程度。

以上五点都做到了的情况下,掌握情况的范围是60%~100%,也就是好学生对同一内容的掌握情况是60%~100%,这也就说明了同样是好学生,为什么考试成绩也有差别。

对于普通孩子来说:

- 预习,做不到,0%。
- 上课认真听讲,做到一半,10%~15%。
- 课后做作业练习,做到一半,10%~15%。
- 课后认真整理、记忆笔记,做不到,0%。
- 考前复习,做到一半,2%~5%。

那掌握情况的范围是22%~35%,这也就是经常说的基础不

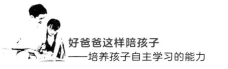

牢。如果大部分基础知识只能掌握不到四成，考试成绩肯定是上不去的。所以，家长如果发现孩子的学习成绩不好，应该看看孩子在这几个方面是否都做到了，是否落实到位了。

第三节　如何做一个合格的家长

我的观点一直都是孩子优不优秀，除了基因，家长最关键，也就是家长做得合不合格决定了孩子优不优秀。

那如何才能做一个合格的家长呢？其实，有的家长自己还是个孩子，心理上还没有成熟，对于他们来说，教育孩子是一件非常痛苦的事情，这种情况下带出来的孩子很难变得优秀。有的家长其实也做好了准备，想把孩子教育好，但不知道应该怎么做，心里没数。

首先，一个合格的家长要是一个懂得孩子心理的人，尤其是孩子在不同阶段的心理特点都要懂。这非常重要，如果你不了解每个年龄段的孩子的心理需求，那你就无法满足他。孩子的心理需求得不到满足，那他的外在表现就是对你的要求不理睬、不配合，甚至是逆反。

举几个简单的例子：

1～2岁的孩子的心理需求是什么？是对妈妈的依赖和想探索这个世界。如果这时把孩子丢给老人或保姆，孩子就会哭闹、烦躁、不听话。如果是自己带孩子，要是孩子想到处爬、到处走，你怕孩子受伤而限制孩子的这种行为，孩子也会哭闹、烦躁、不听话。这两种情况时间久了，亲子之间的感情就没那么好，主要表现就是孩子和家长之间生疏、不沟通。

第十章 关于家长要了解的内容

刚上小学的孩子，每天最需要的就是回家后家长的陪伴。这时孩子每天要学许多新知识，但是还不具备独自解决问题的能力，需要家长协助解决。有了家长的陪伴，孩子的心理需求得到了满足，自信心就会变强，孩子的学习就有了进步。如果家长再进行合适的引导，那孩子就会比较容易保持好成绩。

其次，家长要能够根据每个阶段的孩子的生理特征（如大脑发育程度、理解能力、注意力集中时间等），结合学校的教学安排，合理规划孩子每个阶段的学习任务。

最后，对于每个阶段的规划，家长要全力以赴地督促孩子完成。

简单总结一下：

- 了解孩子心理需求并满足。
- 合理规划学习任务。
- 尽全力帮助孩子完成学习任务。
- 执行力要强。

初中孩子的心理需求主要就是得到尊重和保护个人隐私。初中孩子开始形成自己独立的人格，所以在心理上渴望脱离父母的管束，想要自己做主，所以自尊心会特别强。

一方面，有些父母不太注意，会经常当着孩子的面与亲戚朋友说一些关于孩子出丑或不好的事情。可能家长觉得无关紧要的小事，但在孩子看来就是天大的事情。

另一方面，孩子会有一些小秘密，家长不要什么都想知道，要留给孩子一些空间，换位思考一下，你自己是不是也有些小秘密不希望别人知道呢？

如果这两方面孩子得不到满足，那么孩子就会表现得很叛

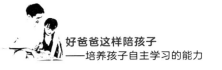

逆，严重的甚至还有自残、自杀等倾向。

高中生的心理更加独立，对家长的心理需求实际上比较少，更多的是希望家长放手，不过也不是完全放手。

由于高中学业压力大，家长更应该做的是帮助孩子减轻心理压力。

很多家长会发现，孩子上初中后，更愿意跟同学或朋友说很多事情，却不愿意告诉家长，家长总是最后知道事情的那个人。这是因为家长和孩子之间不是一种平等的关系，就像你有很多事不会跟你的领导说。

所以从初中开始，甚至可以从小学高年级开始，家长就应该试着和孩子做朋友，不要总把孩子当小孩。家长要给孩子画一条底线，在不触碰底线的范围内，家长和孩子是平等的，除此之外，家长作为监护人，该尽的职责还是要尽到。

通过跟孩子聊天，家长就能了解学校发生的各种事情，掌握孩子的情况，包括心理上有哪些需求，可以及时调整策略，帮助孩子成长。

每个孩子在不同阶段的心理需求具有多样性，家长要试着去了解、去满足。如果家长能做到，那孩子的学习会如虎添翼，更进一步。

第四节　关于认知有四种状态

关于认知有四种状态：不知道自己不知道，知道自己不知道，不知道自己知道以及知道自己知道。

下面结合孩子的一些表现来简单说明一下。

有一些孩子反应很快，学东西也很迅速，非常聪明，很多知识一学就会。这给孩子带来了极大的自信。老师也喜欢这类孩子，因为这类孩子在课堂上可以一直跟上老师的节奏，老师上课也会比较轻松。

这类孩子在小学阶段还是比较优秀的，考试成绩也一般都在前列。所以不仅是孩子自己，就连家长也认定自家的孩子是学霸。当然，这类孩子确实有做学霸的潜质，但到了初中后就未必还有这种优势了。

这类孩子在小学阶段因为优势明显，在学习习惯上就会放松，他们的家长也有同样的想法，所以他们最大的一个缺点就是喜欢心算，不爱打草稿，然后对简单题非常轻视，喜欢做有难度的题。

在小学时头脑聪明能补短板，考试成绩也反映不出来，但到了初中，光头脑好使就不够用了。七年级还好，大部分内容还是代数和一次方程，到了八年级，开始学三角形等几何知识时，这类孩子就开始感到吃力了，等到了九年级开始学一元二次方程和二次函数后，就会发现一碰到考查动点或数形结合的题就感到茫然，等到后面开始学圆与相似，孩子直接傻眼。

为什么会这样呢？孩子不是很聪明吗？其实这就是"不知道自己不知道"。以为自己知道，其实自己根本就没掌握，也就是浅尝辄止，忽略基础知识，因为觉得太简单，不愿意多练多做。而人的大脑是"用进废退"的，用得多就灵光，用得少就退化。

我身边的一些初中生家长就经常跟我说："我孩子上课都能听懂，难题经常也能做出来，考试时比他厉害的孩子做不出来的

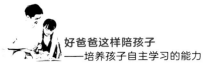

难题他有时也能做出来,但为什么总是只能考90多分(120分总分),连100分都考不了?"

其实这就是典型的根基不稳。这些孩子我也辅导过,他们有个共同的特点,就是对简单题不屑一顾,一看是简单题就不愿意做,布置了也不做,导致没有熟练度,因此往往眼高手低,高估了自己的做题能力。所以他们在初中以基础题为主的考试中,基础题总是要丢十几分,再加上熟练度不够,基础题浪费更多时间,留给难题的时间也不够,难题也不是每次都能做出来,所以每次考试扣个二十多分也是很正常的。

关键是即使你说了,他也不听,是典型的"不知道自己不知道"。

这类孩子虽然最后也能勉强挤进好高中,但是仍然不能认识到自己的不足,从不认为问题出在自己身上,只会找外在原因,粗心、看错是他们的托词。但是到了好高中就不行了,孩子刚开始考不过人家时还是不服气的,觉得自己还是因为粗心、看错甚至是运气不好而没考好。但如果一个学期都是这种情况,难免会想,都是各个初中的学霸,为啥人家考试就不粗心、看错呢?凭啥人家每次运气就能那么好,每次考试成绩都能甩自己一大截呢?

这时有些孩子会开始留心那些真学霸是怎么学习的,看到人家那么优秀还比自己更加努力,就会开始反省自己,开始承认自己的不足,再来认真分析并找出自己真正的不足之处,然后开始有针对性地训练。此时孩子开始"知道自己不知道"了。

这类孩子的头脑是够聪明的,只不过是基础没打好,如果重新把基础打牢,那在高三是有很大机会再次崛起的,也就是很多人说的某某人突然开窍了。

经过高一、高二的潜心钻研，努力补短板，实力一天天增强，此时在考试中可能还不是很突出，但整个基础打得非常扎实了，本身就具备做难题的实力，只不过高一、高二还没有综合性比较强的压轴题，所以成绩上还不显山露水。孩子自己也不知道自己已经足够强大了，还是以一种追赶者的心态在努力学习，这就是"不知道自己知道"。

经过高三一年的多轮复习后，孩子的考试成绩越来越突出，逐渐走向第一梯队，此时孩子的心态会越来越好，越来越自信，但早已不是小学、初中时的那种盲目自信了，而是基于对自己实力的了解和自信，而且也知道自己想要追求的是什么，会变得更加成熟。为什么真正有实力的孩子考试很少考砸？因为所有的知识都在他的掌控中，兵来将挡，水来土掩，见招拆招，所以发挥得非常稳定，成绩不会波动太大，最后如愿考上心仪的大学。此时的状态就属于"知道自己知道"。

所以，经过上面的描述，想必大家都知道了这四种状态。家长也可以分析一下，自家的孩子处于哪种状态，该怎么来调整能争取达到第二、第三、第四种状态。

第五节　人的眼界决定了他看事情的高度

人的眼界决定了他看事情的高度，对于教育孩子、做生意、投资都适用。比如教育孩子方面，如果你只想着孩子将来成龙成凤，但你什么也不做，只等着老师和孩子自己来实现，那么对不起，这种好事不会轮到你。而且在我看来，这样的家长完全没有

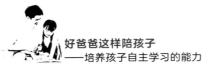

眼界,不知道教育孩子是一种投资,家长的付出也是一种投资,什么都不付出就想让孩子变优秀,那是不可能的。

我可以负责任地说,每一个成功孩子的背后一定至少有一位家长的艰辛付出。家长都做不到的事情,凭什么要孩子做到?

教育是一项长期的系统工程,需要科学合理的、循序渐进的培养。在孩子还不具备独立自主学习的能力之前,千万不要过早放手,我觉得这个时间不应该早于上高一。

现在家长教育孩子都有点本末倒置了,一味地要求孩子做到如何如何,自己却不行动,这是事倍功半的做法。正确的做法应该是家长自己首先行动,学习如何帮孩子养成好的学习习惯,寻找好的学习方法,然后一步一步地帮孩子慢慢实现,将孩子带上路后再慢慢放手。之后你会发现,孩子越大你越轻松,孩子自己也会学得很舒服,并且成绩很好,这又进一步刺激孩子更加努力向前奋斗,从而形成良性的正反馈,达到事半功倍的效果。正因为很多家长不知道这一点,知道的也很少能做到,所以成功永远属于少数人,这是亘古不变的道理。

一个很重要的事情要在小学完成,这样在初中、高中会节省不少时间,也会提分不少,那就是书写。写得一手好字,不仅让人赏心悦目,也能给改卷老师留下好印象,使主观题多得分。家长自己有时间可以每天督促孩子练字,孩子不仅能写字好看,还能提高写字速度。初中虽然也可以练字,但因为课程变多变难,时间也有限,会加重孩子的学习负担,而高中完全没时间练字,所以,建议及早做。

第六节　各年龄段大脑的发育情况

孩子在不同的年龄段应该学习不同类型的知识，为什么要这么划分？其实是有科学道理的。下面我就从人的大脑的发育过程简单分析一下。

在讲大脑的发育过程之前，先来认识一下大脑的结构。大脑主要分为大脑、小脑和脑干三部分。

大脑主要分为四部分：

- 枕叶：包含视觉皮层，主管视觉方面。
- 顶叶：包含联合区域以及运动和感觉皮层。
- 颞叶：包含调节情绪和性欲的脑区，语言中枢也在这里，包括记忆。
- 额叶：执行功能、判断、顿悟及控制冲动、逻辑思维等。

小脑：主管控制运动机能的协调性。

脑干：一出生就基本发育完全，负责呼吸、心跳、新陈代谢，以及维持生命。

下面我就来简单说一下孩子的大脑在各个不同年龄段的发育情况及外在的表现。

1.0~1岁

这段时间小脑逐渐发育完全，因为小脑是控制整个身体协调的，所以大部分的孩子在差不多1岁的时候才能站稳，开始摇摇晃晃地走路。

此时大脑也在发育，外界的各种声光、味道、气味等刺激促进大脑飞速地发育，主要是神经元细胞之间互相建立联系。

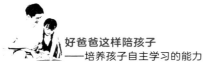

但此时大脑各部分之间的联系很少,外部刺激大部分都无法输入大脑进行处理。比如电视机,有输入信号,但是没有处理器,没有节目输出,屏幕上就都是雪花点。此时听觉、视觉、味觉和嗅觉都开始发育,但只对外界的相应刺激有反应,还不能做出具体回应。

2. 1~5岁

主管视觉的枕叶开始发育,也就是说,1岁以后,孩子才能逐渐看清父母真正长什么样子,之前视野里都是一片光怪陆离的画面。

与此同时,主管运动与感觉的顶叶也开始发育,所以孩子能逐渐开口叫爸妈。但是主管语言和记忆的颞叶会相对晚一点发育,所以2~3岁时,孩子说话会有点口齿不清,且2岁之前的记忆基本上都不会有,如果孩子觉得有记忆大多是因为家人后来不断地述说而造成后期记忆输入,并不是真正的记忆。

在2~3岁时,孩子正处于训练语言的黄金时期,对于汉语、英语都是一样的。此时家长可千万不要把孩子丢给电视或平板,因为语言的学习需要交互式的训练,这样才能刺激颞叶对应部分的神经元连接,促进语言能力的发育。另外,由于孩子的视力发育还不是很完全,应尽量以听、说为主,少看电子屏幕,以减少对孩子视力的伤害。

虽然1~5岁期间,额叶也在缓缓发育,但由于没有有效地和其他大脑部分完全建立联系,所以此时逻辑思维是非常弱的,只能进行一些非常基本的数学训练,家长也不必担心孩子将来学不好数学。

第十章 关于家长要了解的内容

3. 5～12岁

5～12岁时,大脑已经完成了大部分的发育。大脑各部分的连接基本完成,但额叶的发育比较慢,大概还没有完成一半的发育。此阶段虽然孩子的学习能力很强,但如果逻辑思维能力仍然不够,也跟智力无关,只和大脑发育进度有关。顶叶同时还有帮助额叶处理注意力的功能,所以在此阶段,孩子的注意力会逐渐提高,可以达到比较专心地处理某件事情的程度,比如阅读、上课听讲等。

当然,适当的外界刺激是可以促使大脑的某些功能变强的。大脑接受外部的刺激越多,就越会促进对应部分的发育,但由于大脑还处于发育期,大脑各部分之间并未完全连接,而且发育也是有时间先后的。过早地刺激尚未开始发育的大脑部分,并不能有效地使这部分大脑提前发育,所以要遵循大脑各部分的发育规律。

比如从小学三四年级开始接触奥数,五六年级开始增加难度,这样循序渐进地通过对奥数题的思考来刺激关于逻辑思维部分的大脑额叶发育,分管这部分的大脑褶皱就会变多,大脑的某部分的褶皱越多,这部分的功能就越强,也可以说是打通了"任督二脉"。经过训练刺激额叶发育的孩子,逻辑思维能力就要比没有经过刺激的孩子强很多,而且越到后期,优势越明显。

4. 13～20岁

从发育顺序上来看,先从小脑开始,然后是枕叶,接着是顶叶和颞叶,最后才是额叶。额叶不仅是最后发育,而且持续时间特别长。青少年的大脑发育基本上完成了80%,包括智力方面的

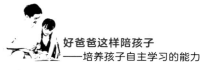

发育基本完成,也就是说孩子够不够聪明现在已经确定了,不会再变了。剩下的20%主要是分管冲动、判断、情绪等方面,和学习关系不大。

看完了这些,家长就该明白不能"填鸭式"地教育孩子,要在合适的时间科学地教育孩子,才能事半功倍。

第七节 在孩子的各年龄段,家长该扮演什么角色

在对小学、初中阶段的孩子的教育中,家长到底应该扮演一个什么角色呢?这个不能用几句话就说清楚,也不能笼统地做非黑即白的评价,下面就来分情况说一下。

首先,在孩子的小学阶段,尤其是小学低年级阶段,孩子刚刚才从相对懒散、以玩为主的学前生活过渡到以上课学习为主的小学生活,还是需要时间来适应的。此时家长在孩子回家后,就要扮演老师兼家长的角色。

因为孩子自己也要进行角色的转换,从半玩半学的状态进入学生的状态。孩子不知道自己应该达到什么程度才算进入学生状态,所以家长此时就要像老师一样,耐心地教孩子作为一个学生,应该每天做到什么样才算是达到要求。同时,顺便教孩子养成一些最基本的学习习惯和生活习惯,并且要让孩子参与一部分力所能及的家务劳动。

为什么要让孩子参加家务劳动呢?这并不是强迫孩子劳动,而是通过劳动,激活孩子大脑的"奖赏回路",让孩子觉得自己做事情是有意义的,这在小学对孩子的学习是没什么实际帮助的,但到了初中,可以很大概率避免孩子进入青春期后得抑郁症

或空心病。

孩子如果从小除了学习，家里其他事情啥也不参与，他就会觉得那些事情和自己没有关系，他每天唯一的事情就是学习。当学习成绩还好时，问题还不会显现出来，可一旦孩子在学习上碰到了压力，如果无法有效化解，时间长了就会出现问题。孩子会认为现在唯一的学习也不行了，在这个世界上就没有什么事情对他有意义了，而且还要承受学习的痛苦。

这种情况对我们这个时代的人来说，是很少存在的。那时候考不上高中也不是什么丢人的事，脑子里除了学习，还要装很多事情，没有时间来思考活着的意义，所以那时患抑郁症的人也相对较少。

但是在现在这个社会，因为内卷，所有的孩子都必须努力学习，不仅如此，还要把所有能利用的时间都用来学习，这样才有机会超越同龄人，拿到高中甚至是好大学的入场券。所以，这造成了大部分的孩子每天除了学习也没时间来干其他的事情，以至于其中一小部分学生完全放弃其他活动，靠透支时间来维持自己的成绩。如果即使是这样，还不能维持成绩，那学生很有可能会悲观，甚至出现抑郁症。

家长一方面要照顾好孩子的饮食起居，另一方面要陪孩子进行亲子阅读。让孩子对阅读、各种知识产生兴趣，培养孩子的求知欲，这个非常重要，甚至超过辅导孩子做作业。因为孩子不会做作业可能和理解力有关，随着年龄的增长，理解力增强了，不懂的内容自然都能理解，所以不必焦虑，但如果对学习没有兴趣，那才是真正的大问题。

到了小学高年级和初中阶段，家长的重心要从老师的角色上转移出来一部分，变成孩子的规划师和保姆。这个时候孩子是个什么状态，家长准备今后让孩子往哪个方向发展，就是家长需要思考的问题了。帮孩子规划好今后的学习路径，是这个阶段家长的重心，家长做好后勤工作就行了。关注孩子每天的学习情况，但具体的学习内容就不必管了。

在初中的中后期和高中阶段，家长主要应该扮演孩子的心理咨询师和后勤保障工作者。随着孩子进入青春期，心理和生理同时发育，孩子的学习压力也大，很多时候会有各种预料不到的心理波动和心理问题。这时家长就应该及时和孩子沟通，倾听并了解孩子的问题和压力，尽量帮助孩子化解，而不是觉得孩子长大了，不听话了，处处和你对着干。要尽量试着去理解孩子，让孩子顺利度过青春期。

高中压力大，学习紧张，多疏导孩子、多给孩子做点可口的饭菜才是家长该做的事情，另外孩子将来学什么专业、考什么学校才是家长关注的重点，其他的交给孩子。

第八节　论真假学霸

绝大部分家长在孩子很小的时候，都是期待孩子成龙成凤的，但是随着时间的推移，很多家长就开始慢慢怀疑自家孩子不是那块料，逐渐放弃自家孩子了。

其实，以现在的生活水平，大家的营养摄入都差不多，再加上大部分人的智商也相差不大，理论上大家的孩子都可以达到学霸的水平的，但最后实际上能达到学霸水平的孩子并不多。按统计学里的正态分布，特别差的不多，特别拔尖的也很少，绝大部分都是挤在中间的普娃。这就造成了一种错觉,即人们普遍认为孩子在学习过程中竞争非常激烈,经常出现1分并列十几个人这样的情况,也就是现在俗称的内卷。

于是为了避开激烈竞争,孩子就采取了抢跑的方式。诚然,这种方式在小学阶段的效果是明显的,这会让一部分家长产生一种错觉,觉得自家孩子已经跳过了内卷区,可以放心了。

实际上,在孩子高考结束之前,都不能掉以轻心,因为小学阶段、初中阶段和高中阶段都会出现原来的学霸变学渣或原来的学渣变学霸的情况,当然也有一些孩子自始至终都是学霸。分析这类孩子的学习路径才能避免误入"假学霸"的尴尬境地,才不会被表面现象蒙蔽了双眼。

那么,在小学阶段,如何才能辨别自己的孩子是不是真正具有学霸潜质呢?

首先,反应快,或者说很机灵,对于一些新鲜事物或知识的接受很快,能够很快掌握其中的诀窍,理解力很强。理解力非常重要,在初中,尤其是高中,这种能力甚至能起决定性的作用。

当然,还有一些孩子大脑发育得晚一些,但并不代表他的理解力就差,只是没有这么早表现出来而已,有些甚至到高中才能表现出来,尤其是男孩。这就是很多初中表现不起眼的男孩,到了高中成绩一下子就拔高了的一个原因。

其次,记忆力特别好。具体的表现就是孩子认字特别容易,而且能记住大量的字和单词。记忆力在高中尤其重要,不仅仅是用来背文科,更重要的是能记住大量的公式定理以及各种二级推论,并且在实际应用中能快速准确地从大脑中调用出来。

比如做一道高中物理的力学题,如果一个普通学生用正常的

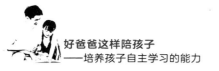

做法,根据题目条件采用某个公式来推算,可能需要10分钟的时间,但是一个记忆力很好的学霸,他记得这个公式下面的6个二级推论,并且知道这道题应该采用哪个推论可以直接得出答案,这样,学霸只需要1分钟甚至更少的时间就可以得出正确答案。剩下的时间可以去思考最后的压轴题,而普通学生连看压轴题的时间都没有。

第三,逻辑思维能力很强。这点主要体现在对事物的内在关系把握得特别好,这方面比较强的孩子在分析问题时靠的不是线性思维,也就是说不是单纯地就这个问题来想如何解答,不会钻牛角尖,而是靠发散性思维和分层思维,会从多角度来考虑问题的解法,分析哪个角度最有可能解出答案,然后再一层层往下抽丝剥茧,最终解出答案。

在小学,最能直接看出逻辑思维能力的就是奥数课了。这项能力不强的话,即使孩子读懂了题目,听老师讲解后也能做出来,但是过段时间就发现又不会做了,或者换道同类型的题就不会做了。

综上所述,如果你的孩子在上高中前有上述能力,那就说明孩子具备当学霸的潜力。家长只要按部就班,科学教育孩子,在合适的时间做正确的事,相信到了高中,孩子会越来越优秀,成为真正的学霸。

如果上述三条孩子不是全部具备,那家长就要特别注意,千万不要觉得孩子在小学、初中学习都还不错,就万事顺利了,因为到了高中成绩很有可能会掉下来。高中要想尽一切办法帮助孩子把弱项补起来,要不然一旦掉队就很难再跟上了。

第九节　学霸为什么凤毛麟角

现在的孩子智商都差不多，按理说相同的学习条件下，考试成绩应该都是差不多的，可是为什么考试成绩却有天壤之别呢？

这里最大的区别就是家长。我的亲身经历告诉我，家长对待孩子学习的态度和自身的行为的不同，在孩子进入高中后，会导致孩子之间产生很大的区别。大家别想着进高中后老师能帮你家孩子做出多大的改善，第一梯队的学生基本上前面九年就已经确定了。这部分学生在高中不会轻易掉队，后面的学生也不会轻易地进入第一梯队。

首先，孩子要养成良好的学习习惯。良好的学习习惯包括上课认真听讲，会做课堂笔记，每天列学习计划并记录完成情况，每周整理错题、笔记，提前学（尤其是数学、物理尽可能地往前学），适当刷题，有明确的学习目标，能吃苦，能静下心来主动学习。以上所述习惯缺一不可，具体如何做到，每个学霸的方法都不同，但最后大家都是大同小异，差别不大。这一块孩子都做到了，基本上在学校肯定是前几名，但是大部分孩子都不能完全做到。

其次，孩子能不能养成以上的好习惯，80%取决于家长。家长才是决定孩子能不能成为学霸的主要原因。没有哪个孩子生来就有良好的学习习惯，需要家长每时每刻督促养成，家长有没有时间、有没有毅力、能不能吃苦决定了孩子能否成为学霸。

小学、初中学习成绩好不能说明什么，到高中还能排在年级前几名才是真学霸。在孩子还没有养成良好的学习习惯之前，家长应该尽可能地帮助孩子，包括具体怎么列计划，怎么做笔记，

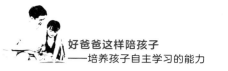

怎么做错题本，选什么刷题材料，家长要开好头，然后每天都要在孩子学习的时候督促孩子做到，学习时家长别玩手机，别看电脑，多看看书，给孩子营造一种学习氛围。

这是要一直坚持到孩子初中毕业的。知道如何做的家长其实很多，但是大多数家长无法坚持下来，能坚持下来的家长凤毛麟角，所以学霸也是凤毛麟角。

很多人只见贼吃肉，没看见贼挨打，而且吃肉的时候少，挨打的时候多。看学霸也是一样。每次考试排名时看见学霸考得好，平时学霸是怎么学习的可能大部分人不是太清楚。除了智商超高的天才，其他的学霸都是常年勤学苦练成就的。勤学苦练也分主动的和被动的。被动的的情况下，家长在身边管着还行，一旦孩子去上大学了，没人管了，八成要归为平庸；主动的又分成高效的和低效的，高效的情况下，孩子后劲足，高中、大学都是佼佼者，低效的话，孩子最多也就维持学霸地位到初中，上了高中就变平庸，很难再到第一梯队。

要想在学习上获得成功，最主要的就是要有自制力和执行力。自制力就是自我约束的能力，就是在别人玩的时候他在学习，在别人休息的时候他还在学习。执行力就是自己列了计划，强迫自己完成计划的能力。从小计划开始，不断提高自己的执行力，久而久之，从一个成功不断地进入另外一个成功。

第十节　学习习惯也是分等级的

也不知道是从什么时候开始的，很多人接受了"21天养成一个习惯"这种说法。如果你自己21天不能养成一种新的习惯，你也不会去质疑这种说法正不正确,相反,还觉得是自己不够自律,没能达到要求。

其实我们在教育孩子的过程中也会经常碰到这种情况,很多家长觉得给孩子培养一种习惯是非常简单的事情,但在实际操作中却发现根本就不是自己想象的那样。

比如,有的孩子写字时不爱用左手扶着作业本,然后写字时任由笔和本子一块移动,结果写出来的字歪歪扭扭。家长发现了,当然要去纠正这种错误的习惯,有的孩子听了,但过一会儿又忘记了,然后家长纠正第二遍、第三遍、第四遍……最后家长终于忍不住发飙,就算是这样,也要至少大半个学期才有可能给纠正过来,为什么?因为家长只能在孩子回家后写作业的时间纠正,在学校,家长是鞭长莫及的,所以每天的纠正效果是非常有限的。

小学期间除了学习兴趣的培养,就是学习习惯的培养了。因为学习习惯是具有非常大的惯性的,一旦孩子养成非常好的学习习惯后,家长需要操心的地方就非常少了。但学习习惯也不是那么容易就养成的,需要长期的重复。

有家长觉得自家孩子虽然刚上学,但已经养成了好习惯,就不需要再继续培养了。其实这里面有个误区,同样的一个学习习惯,到执行层面也是分一、二、三等的,最好(一等)的当然是自己能主动去安排自己的学习内容,次一等(二等)的是家长说一下或提醒一下就可以去自己学习,再次一等(三等)的是需要家长协助才能去学习,更差(四等)的就是家长催几遍都不去学习。

有些家长想当然地觉得自家孩子是一等,但实际操作时发现

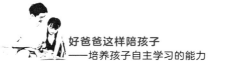

其实是三等,要从三等跨越到二等,没个三五十天的坚持很难达到。这是人性使然,因为要跨越舒适区只有两种途径:一种是外力驱使,一旦外力消失,人性的弱点就会本能地让孩子重新退回舒适区;另一种就是通过长期的重复动作,在大脑中形成深刻的记忆,最后改变原来的行为,变成习惯。

所以家长在培养孩子的学习习惯时有两种选择:一种就是每天放学回家后随时督促孩子学习,孩子有啥作业,就督促做啥作业,做完为止;另一种就是把孩子的各类学习任务分类,每天督促孩子按照分类自己安排学习,让孩子清楚自己每天回家后该怎么安排学习。

前一种如果持续不断,也会有一定效果,但是家长有可能陷入每天都很忙,但又不知道在忙啥的状态中。后一种家长目标就比较明确,虽然要求的学习习惯是一样的,但程度不同,从四等一步一步到三等,再一步一步到二等,最后到一等,这个过程是比较长的,快则几个月,慢则大半年都是有可能的。这和孩子的个体接受程度以及家长的督促力度和方法都有关系。但习惯是可以一直让孩子受益到高中甚至大学的,所以不要图快,一定要培养好,要不然跑偏了再纠正就非常麻烦,习惯一旦养成,再改是非常困难的。

所以,如果是孩子还在上小学的家长,要珍惜这种时间机会,趁还在小学,还有时间,抓紧机会培养孩子的学习习惯。到了初中,学习习惯更为重要,有些是小学期间无法培养的。为了孩子将来学习更省心,家长在小学就要多辛苦一些。

第十一节　如何让孩子自主学习

有很多上小学、初中的孩子，从来不会主动学习。家长在家想教育孩子，但是没效果，孩子根本就没动力学，除了学校的作业不得不完成，其他的课外作业连一个字都不想写。

为什么会出现这种情况呢？主要原因有两个：一个是孩子对学习还没有足够的兴趣，没有求知欲，不能主动学习；另一个就是孩子没有自己想实现的目标，没有动力驱使他去学习。那我们既然知道了原因，直接对症下药不就行了？说起来容易，真要做起来可没那么简单。很多家长其实也已经试过很多方法了，但孩子就是学习主动性不强，或者是被家长强迫进行学习，内心极其不愿意，在这种情况下，学习效果肯定大打折扣。家长累，孩子更累，大部分精力都花在了内耗上，不仅浪费了时间，还影响了亲子关系。

接下来我就针对上面两个主要原因来说一下究竟该如何做才能激发孩子们主动学习的热情。

1. 学习兴趣

大家都听说过这句话："兴趣是最好的老师。"但如何培养学习兴趣恐怕是家长最头疼的事情。关于兴趣如何培养这个话题，主要针对孩子还在上小学的家长。兴趣是需要培养的，而且要有足够的时间和耐心。家长要持续不断地、潜移默化地影响孩子，让孩子在不知不觉中培养出学习兴趣。

第一，让孩子养成阅读的习惯。

孩子通过阅读，不仅能认识大量的汉字，而且会从书中学到

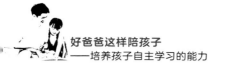

很多有趣的知识，不仅能增长各种见识，还能激发了解世界、探索未知领域的欲望。这种欲望一旦被激起，孩子就会不断地通过阅读、学习来满足自己对知识的渴望。这种求知欲是内生性的，随着时间的推移、知识积累的增长，孩子就会越来越想要获得更高阶层的知识。这种内生的驱动力就会不断地驱使他去学习新知识，并且从所学的新知识中获得极大的满足。

第二，家长要有选择性地、有目的地对孩子的阅读兴趣进行引导。

孩子要从单纯地看书转变到对书上的内容进行思考，家长要引导孩子动脑筋，不要只看有什么，还思考为什么。要让孩子不仅能在知识的海洋中畅游，还要能将海洋中的养分吸收，把书中的内容变成自己的知识，为自己所用。这样才能以兴趣为导向，以增长知识和能力为目的，在有限的时间内，为将来打下坚实的基础。

2.学习目标

学习目标主要是针对孩子已经上初中的家长来说的。这个阶段的孩子，再来培养学习兴趣已经来不及了，只能从学习目标上下手了。

很多家长觉得，定学习目标不是很简单的事吗？前面不是反复说过怎么定学习目标吗？

没错，我是说过，但那是对学习还抱有兴趣的孩子来说的。如果你的孩子只能机械地完成学校的任务，根本不具备完成自定目标的能力，你就算是按照我说的方法制定了完美的目标，恐怕在具体实施时你会发现根本不是你想的那样。孩子要不就是不愿配合，要不就是能力跟不上、做不到，要不就是坚持了几天就坚持不下去了。

不知道家长有没有注意到，这种情况一般都是发生在学习成绩一般或中下的孩子身上。为什么会发生在这类孩子身上呢？因为这类孩子在学习上没有什么特长，基本上每门功课都没有什么突出的地方，孩子也从来没有在这些功课的学习中获得过肯定，考试成绩也不好。

换句话说，孩子在这些科目的学习中从来没有获得过成就感。因为没有成就感，从心理上来说，他从来都没有被满足过，所以他就不能心甘情愿地去主动学习这些科目。

那我们如何让孩子得到满足呢？这在具体操作中是有技巧的。

首先，家长要和孩子一起制定一个看起来比较容易实现的小目标。这里要注意，这个小目标不是针对所有的科目，而是针对孩子在所有科目中成绩相对最好的那一个科目，其他科目先不要设目标。

为什么先只挑一科来操作呢？其实家长总希望每科都先定一个小目标，多点开花，但实际上因为孩子从来没有从学习中获得满足感，你一次铺开面太大，孩子会心生恐惧，会容易产生抗拒心理。

首先我们要做的就是让孩子有一科的成绩比较好，这样孩子就能从中得到满足，有成就感，孩子就会比较愿意自己花时间和精力来学这门科目。这里可能家长刚开始要在后面推着孩子走。

因为孩子在这个科目上的投入获得了回报，而且是孩子相对最强的科目，所以孩子的努力付出有了正向反馈，孩子的信心

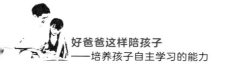

得到增强，从而更能促进孩子在这科上面投入更多的时间和精力来主动学习，为的是将来获得更大的进步和更大的满足感、成就感。这会让孩子在这科成为班上的佼佼者，当孩子达到这种程度时，孩子的自主学习动力就被真正激发起来了。这时就可以一科一科地定小目标，一科一科地拿下。

当然，如果时间不多，也可以和孩子商量，两三科地同时进行，只要孩子心里觉得行，就没问题。

各科成绩都慢慢提高后，就可以逐步制定一些以前不敢想的大目标了。这时孩子因为成绩变好，有了自信心，就会努力地自主学习，甚至每天不用你催，他都知道自己要干什么。

所以，家长要想让孩子自主学习，就要用科学的方法，不要急，只要有耐心，就能走向成功。

第十二节　当不了老板娘就要当老板的娘

当不了老板娘就要当老板的娘，同理，当不了学霸，就要想办法当学霸的爸妈。

目标可以定得远大，但具体实施要一步一个脚印地走稳。在教育孩子的路上，有三点都要做到，才有可能当上学霸的爸妈。

第一，家长要有重新上一遍学的决心来陪伴孩子。

这可一点都不夸张，从小学入学开始，家长每天要督促孩子学习、纠正孩子的错误习惯，还要在家校群里打卡报到，第一时间反馈老师的问题。

小学低年级还好，家长应付起来还是游刃有余的。除了孩子做作业慢点、听懂题慢点、不能从生活的角度（用孩子的角度或者是童话的角度）来理解应用题以外，家长还是可以轻松读懂题目并辅导孩子做作业的。

但到了小学高年级阶段或是初中阶段，就不是每个家长都可以轻松应付孩子的功课了，除了语文、英语还能勉强辅导，数学开始有点困难了。到了高中就更加力不从心了。

怎么办？孩子的功课也不可能每天都丢给老师，老师肯定是顾不过来，最后只能又回到自己手里。有两个办法：（1）家长分工，理科类的让孩子的爸爸进行讲解辅导，妈妈负责其他，如背诵、写字等常规项目；（2）如果家里两个人都不能辅导的话，也不要想着丢给别人，那样就意味你自己放弃了你的孩子，因为有些事情是出钱也解决不了的。

对于其他的，家长该怎么做还是照做。遇到一些无法辅导的题目，找一个大学生家教，每天或每两天来家里给孩子讲题，家长将要讲的题提前发给家教，然后家教来家里讲解，讲到孩子弄懂为止，不要赶进度。

第二，孩子要在高考前12年学习的长跑中坚持下来。

从刚开始的感兴趣，到觉得辛苦，再到又开始喜欢，然后自己肯吃苦，最后变成学霸。如何让孩子变成学霸，前面也说了很多次了，这里就不详细说了。总之，要想办法让孩子改变态度和想法，从被动学习变成主动学习，那孩子就能满足这方面的要求了。

第三，要合理地规划孩子的学习路径。

在学习过程中，采用科学的辅导方法，根据每个阶段的不同特点，采用不同的方法，才能将孩子的潜能尽可能地发挥出来。

总结一下，就是家长的决心、孩子的努力和科学的方法结合在一起，广大上学时学习成绩普通的家长才能变成人人羡慕的学

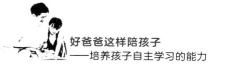

霸家长。

然而,虽然人人都想当学霸父母,但不是人人都可以实现,因为大家虽然都知道怎么做,但实际操作起来千辛万苦、困难重重,而且时间太长久,能坚持下来都不容易。

虽然入门的门槛低,但出门的门槛很高,因而学霸属于少数人就不奇怪了。

第十三节　减负

学校减免了课内作业,考试不出成绩排名了,家长也能安心地进行快乐教育了,大家的自主安排时间也多了。但课内的内容少了,课外的内容就会相应增多,相当于变相地、不知不觉地进行了分层。当那些后知后觉的家长发现这一点时,孩子之间差距已经拉得太大,再想追赶会非常不容易。为什么很多家长那么焦虑?就是因为孩子没有从小进行分层教育,大家都挤在一起,也分不出来谁行谁不行。

其实,家长要有这样一个心理准备:如果孩子一直到初二,学习还没有什么起色的话,基本上就可以确认孩子的出路可能不在读书上面,还不如早点规划,要么出国,要么学一门手艺,只要能学精,将来照样是精英。

小学的减负对于家长来说,其实差别不大,因为大家都会把多出来的时间拿来教育孩子,所以对于孩子来说,竞争并没有减少,因为大家都不是仅仅冲着能上个高中的目标去的,都是冲着最好的教育资源去的,但好的教育资源就这么多,孩子的水平都变高的话,只会使得竞争更加激烈。

这种情况就要考验家长教育孩子的水平和孩子的接受能力了。由于各地的教育水平和教育资源分布不均，所以对于名列前茅的孩子来说，竞争还不算特别激烈，每个分段的孩子并不多。但对于处于中上游的孩子来说，每个分段的人非常多，拼得最苦的是他们，最焦虑的家长也是他们的家长。

其实从名列前茅的孩子的角度来看，这些卷得最厉害的孩子们其实还是有很大的提升空间的，但因为没有良好的学习习惯，也没有掌握更好的学习方法，所以即使每天都很努力，也依然达不到很高的水平。这就好比你骑马去赶路，在走路的人来看你已经够快了，但在开车的人来看，随便一踩油门，能轻松甩你一大截。这就是方法和习惯的代际差异，包括什么阶段用什么方法都是有讲究的。

第十四节　内卷

现在很多家长已经把孩子的英语提高到了一个很高的水平，甚至孩子在小学毕业时，就已经达到了可以高考的水平。这是一个好消息，因为孩子已经把将来要花费大量时间的英语课程提前学完了，将来只需要花费很少的时间甚至是不花时间就可以拿到很高的英语分数。

但是，由于英语的门槛不高，再加上现在网络发达，大部分有心教育孩子的家长都知道如何让孩子提前学习英语。那么问题又来了，对于英语孩子们都可以达到高考拿高分的水平，那在这门科目上就没有什么区分度了，分数拉不开差距，那就只能去拼其他几门科目了。

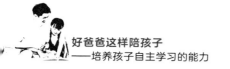

中国的文化博大精深，对于语文，即使大家从小就开始广泛地阅读，然而在语文高考上，还是会有很大的差别，不是说提前学了就一定有很大的优势。因为语文毕竟不同于英语，英语只是一门语言，大家只要把语法、词汇、句式等全部弄清楚了，基本上就能拿高分，作文要求也不高，转换成中文也就是小学高年级的作文水平，写起来没什么难度。

但语文就不同了，高考的语文阅读不仅要求孩子能快速阅读，还要能把所有的字先看一遍，能快速地找到题干、关键词、重点句子，甚至是文章的背景以及要表达的深层次的意思，总共一万多字的阅读量，要在短短的一个多小时内完成，对孩子的要求是非常高的。

这里不仅要求孩子阅读过大量的文章素材，而且还要懂得如何来分析文章，分析出来后还要能够按照一定的答题模板或格式进行答题。这对孩子的综合分析能力要求非常高，不光要进行海量的阅读，了解各类文章的背景，还要分析、理解作者写作的意图，并能答到点子上，拿到每个得分点，每一个环节都不能差，才能拿到高分。不仅如此，还要能写一篇符合高考要求的高分作文，才能在语文上展现优势，否则150分的卷子，拿个一百零几分是常有的事情。孩子要想拿到130分以上，要很努力，并且要持续好多年进行积累。

所以，孩子到最后还是要回到理科的竞争上来。理科的不确定性是最大的，不到最后，谁也不敢打包票自己的数学、物理一定可以考多少分。正是这种不确定性，才有可能产生激烈的竞争。对于从小语文、英语水平差不多的孩子，最后谁能更胜一筹就看数学、物理了。所以倒推回去，小学高年级的奥数就显得很重要了。

所以说，内卷的一般都是英语等文科，而理科类的数学、物理基本上是不存在内卷的，因为梯度分布很均匀，不容易扎堆。英语要"卷"到底，争取拿满分，语文是学习周期最长的一门科目，谁能从起点跑到终点，谁就能考高分，理科大部分靠天赋，但后天努力也很重要，所以要想清楚，要不然白白浪费抢跑的机会。

第十五节　功利心

现在家长早早开始教育孩子，并不是单纯为了开发孩子的大脑，而是带有功利心的，是为了让孩子能够超越同龄人，避免陷入内卷的境地。

有功利心好不好呢？其实有功利心也不全是坏事，这也是激励一部分孩子努力学习争当学霸的一种动力，当然，对家长来说也是一种动力。

现在，通过中考，有一半的孩子上不了高中，就更不可能去参加高考了。所以很多家长发现以前千军万马过独木桥的高考变成了现在残酷的一对一淘汰赛——中考。

为了这场提前到来的淘汰赛，家长发现指望孩子初三再来发力，时间上肯定是不够的。初中的所学知识已经让大部分孩子疲于奔命了，哪里还有多余的时间让孩子实现赶超呢？所以为了让孩子能在初中阶段有时间且有实力超越其他孩子，有一部分家长只好把战线再往前移，挪到小学高年级就开始提前学初中的知识。本来这样也无可厚非，但是这样做的前提是孩子的理解力要足够强，否则结局大概是以下几种。

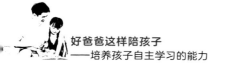

一是孩子提前学，学不懂，误以为将来上初中也是这种情况，造成对学习产生畏难情绪，甚至失去兴趣，严重时出现厌学、逃避学习的情况，在网络上寻找存在感，或者是在那些更差的孩子中间找到满足感。这从家长的角度来看基本上就属于"废掉了"的情况。

二是孩子虽然理解力不够，但记忆力好，能强行把各种类型的题都记熟，虽然不能深刻理解，但照猫画虎还是可以的。这类孩子的学习后劲不足，前期有一定的领先优势，但是到了后面，需要考验理解力的时候，就会有些力不从心，这时可能会从年级前列掉到年级中游。这对于家长有一定的欺骗性，在小学高年级和初中初期会让家长以为自家孩子是学霸，等到八年级、九年级时学习成绩下降后，家长不能正确认识到成绩下降的本质原因，仍然抱着不合适的期望，就会造成孩子和家长都面临非常大的压力，从而导致孩子的学习成绩进一步下降，最后可能是淘汰赛中输掉的那一方。

如今很多低年级的孩子的家长也认识到将来可能发生内卷，就会提早到小学一年级甚至是学前就让孩子开始各类知识的学习。在孩子的理解力的范围内，适当地提前学习是完全没问题的。但很多家长不能正确评估自家孩子的真实情况。一种是自认为孩子很聪明，孩子也能展示一些别的孩子所不具备的能力。另一种就是看别的家长给孩子教什么，就也给自家孩子教什么。

如果孩子在学这类知识时很感兴趣，也愿意学，并且也能掌握相应的知识，那说明家长教孩子的方向基本上没错，可以继续。

如果孩子不感兴趣或不愿意学，要及时调整，要么降低难度,要么换方向,不要按照你自己认为正确的方式强迫孩子去学,这是达不到任何效果的。

提前教孩子学东西,不要指望短期能出多高的成绩。尤其是小学期间,先积累时没掌握很正常,到初中才开窍也不晚。急于求成的心态不好,每一科都是从积累开始,从量变到质变的。

既然选择教育孩子,就要摆正心态,尽量抛掉功利心,以让孩子掌握知识为目的,不以短期成绩的提高为目的。经过时间的沉淀,孩子一定会在成绩上有所突破。所以我经常说学习没有捷径,真正的学霸都是通过努力学习成为学霸的,天才除外。

第十六节 到底该如何教育孩子

有的家长觉得教育孩子要尽早,不仅要早,还要全面,十八般武艺要样样精通。有的家长认为自己当年就是漫山遍野疯跑,玩着玩着就考进了大学。

我主张理性、科学地去教育孩子,不要像第一种家长那样让周围的家长全都焦虑,逼着其他家长也都一窝蜂地提前学习,也不要像第二种家长那样拿自己孩子的前途开玩笑。

但摆在每个家长面前最现实的问题是,自己到底该怎么来教育孩子呢?每个孩子都是不一样的,如果都按照顶级学霸的学习方法来教育孩子,绝大部分的孩子都会像《伤仲永》中的孩子一样提前"报废",对学习失去兴趣,把学习当作是最痛苦的一件事情,甚至可能会超过失去生命的痛苦。把孩子教到这种程度,还有什么意义呢?

所以家长在决定要教育孩子之前,一定要清楚该如何去规

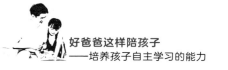

划,这个规划要分两步:第一步是整体规划,从小学一直到高考;第二步是在初中要甄别出孩子到底是适合学理科还是学文科,等到高中再来想就晚了,这点非常重要,因为这关系到将来你的孩子能不能上一个比较好的大学以及选一个合适的专业。

下面重点讲讲如何甄别自家孩子到底适合学理科还是学文科。

其实从上小学中高年级开始,我们就会对孩子有一个初步的确认。虽然小学期间我的建议是把大量的课外时间都花在语文和英语的阅读上,在数学上并不建议额外加太多的课外学习,但这并不足以区分孩子到底应该学文科还是学理科,因为对于高中的文理科来说,小学的语文、英语还是属于最基础的知识,并不能用于区分。

那唯一能区分的也就是小学奥数的学习了。小学奥数题,以一个初中生的角度来看,大部分都是可以轻易解出来的,运用初中的知识和方法还是比较容易理解的。但如果是小学生,没有学过初中的知识,就得用最简单的算术算法、最复杂的逻辑思维方式来理解和解决这类题。这是第一次甄别孩子该学习文科还是理科,但还是不全面,因为小学奥数的难度还是有限的,只能初步判定,还不能下定论。

有些孩子的大脑会发育得稍微迟缓些,但并不代表将来理解能力就弱,因为到了初中阶段,大部分孩子的理解力都会有很大提升。但是由于一些学习习惯的问题,孩子难题都会做,简单题却得不到分,导致每次考试成绩并不好,容易给家长造成孩子理科不好,应该去学文科的错觉。

很多家长都觉得自家孩子是理科学得不好才会去选择文科。

其实这样想很片面,大部分的家长觉得,学文科的话将来大学毕业后不好找工作,其实对于理科生来说也是一样的,绝大部分的理科毕业生也不好找工作,只有那些学习成绩优秀的毕业生或者是硕士、博士才容易找到好工作。

如何判断孩子适合学文科还是学理科呢?可以参考以下几个方面。

第一,语文、英语的单科成绩在年级的排名是不是超过数学、物理的,不看分数,只看排名比较客观。如果语文、英语排名靠前,而且数学成绩也还不错,但物理成绩较差,基本可以决定选读文科,在文科成绩排名肯定靠前。

第二,语文、英语成绩排名靠前,历史、地理、生物成绩排名也靠前,数学、物理、化学成绩排名一般或靠后,选文科一般排名也靠前。

第三,偏爱写作,死记硬背能力突出,但各科成绩都一般,选文科一般比选理科成绩要靠前。

第四,有绘画、音乐等特长,但各科成绩都一般的,选文科。

其他情况一般选理科。

大家不要对文科有误解,其实有些文科还是挺好的,就业容易,收入也不错。比如美术专业,很多家长以为就是学画画的,将来当画家估计自己都养不活,最多去培训机构当个美术老师,其实不然。

现在很多孩子选择美术专业,一般都是因为高中学习成绩不理想,实在没办法才走的这条路。但其实如果孩子的成绩还行,处在中下游,就算没有画画天赋,依然是可以选美术专业的。

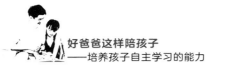

那么，美术专业的孩子毕业后可以去哪些岗位就职呢？如果孩子在大学期间还学习了电脑绘图，就业范围就会大很多，现在很多岗位都需要有美术功底的人，比如专业绘图、园林景观设计、影视特效制作、专业广告制作、各类网站的美工等，如果有美术专业打底，相同条件下竞争优势更大。

以上只是举例，主要为了说明有些文科专业还是很不错的，如果孩子对理科力不从心，选择文科一样也很有前途。关键是家长要提前了解各类专业的就业方向和前景，在确定了孩子到底适合走哪条路后，就要提前做好职业规划，帮助孩子走向成功。

第十七节　不要被表面现象蒙蔽了双眼

现在的家长在教育孩子的过程中产生焦虑感的主要原因是，提前知道了很多本不该知道的信息，不仅如此，更主要的是很多信息还是圈子里的个别现象，有些家长却把这类信息当成普遍现象，然后觉得自己起步晚了，看到人家晒出的成果，内心的焦虑感大大增加。

其实家长不必太过焦虑，因为教育孩子是一个长期系统的工程，短期内进度领先也不能说明什么，如果孩子的赛道是国内的高考，那就完全不必担心，因为时间足够长，有很多机会可以实现弯道超车。

我们教育孩子的第一目标是高考，第二目标是将来在社会上的生存能力。第一目标既然是高考，那学习成绩就成了硬指标。虽然我一直强调孩子在小学要养成学习兴趣和学习习惯，在初中要养成学习习惯和掌握学习方法，在高中要掌握学习方法，其实这背后的深层逻辑都是为了提高学习能力。

有了小学、初中的积累，到了高中，孩子的学习能力就会得到很大的提高，学习能力的提高反映到现象上就是学习成绩的排名靠前。所以，如果能搞明白这里面的逻辑关系，你在教育孩子过程中就不会受到个别现象的干扰，而是把培养孩子的学习能力作为终极目标，在这个基础上，再来引导孩子学习具体的学科内容。否则你会发现自家孩子，到了高中学习就会非常吃力。

那如何让孩子到了大学或走上社会后仍然能够保持较强的竞争力呢？这就需要从小培养孩子的自主学习能力，这是保持学习的自驱力，即有没有外力它都可以发挥作用。所以在脱离了家长监管的大学及以后的阶段，孩子优不优秀都靠这个内力起作用。

第十八节　如何把普娃变牛娃

孩子如何从普娃变成牛娃？如果家长这方面的意识非常强，那可以从小学就开始刻意地培养孩子在学习上领先于其他孩子的信念。一旦孩子有了这种信念，再加上养成了良好的学习习惯，就会非常容易成为班级里的佼佼者。

如果家长在后面推，孩子自己也用劲，那孩子就有变牛娃的潜质。但是当牛娃，无论是家长还是孩子，都将付出长期的艰苦的努力。这种辛苦，一般人是无法承受的，需要坚韧不拔的毅力才能坚持下来。但光能吃苦也不行，如果方法没用对，没在相应的时间段采用正确的方法，也无法超越大多数人。

所以，学霸、牛娃不是那么容易当的，能坚持下来的孩子可以说是百里挑一。全国985大学有30多所，每所学校招3000多

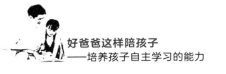

人，算下来也不过10万人，每年高考人数大约是1000万人，正好就是百里挑一。

大家也不要太焦虑，真正能达到牛娃标准的，100个孩子中可能也就只有3～5个，大部分孩子还是介于牛娃和普娃之间。

大家在小学主要要做的就是尽量让孩子跑在所有孩子的前50%，如果实力允许，当然是跑得越靠前越好。

到了初中，再想办法跑进普通初中的20%，重点初中的50%，尽量想办法跑进高中。这时孩子已经跑赢了50%的学生，后面就看孩子在前面打的基础如何了。

基础打得好，能做牛娃最好，基础打得不好，做个普娃也不错，毕竟还可以上大学。如果当牛娃无望，那就在高中规划好大学以及后续的路径，包括学校、专业、将来准备从事的行业等。

第十九节　如何避免无效阅读

自从智能手机普及后，网上各种知识也开始爆发式增长，尤其是在大数据分析广泛应用后，推送给家长的育儿知识的文章也是铺天盖地。为了避免这类文章给大家造成时间上的浪费和选择上的痛苦，我们就应该采用一些方法，筛选出对我们真正有帮助的文章、公众号或其他网络大V。

首先，我们在网上学习关于教育孩子的知识，是为了能真真正正地帮到自己的孩子，而网上大部分的文章都属于鸡汤类，除了能激起家长情感上的共鸣，对教育孩子没有实际帮助，这类文章严格上来说不属于教育方面的文章，归于情感类文章可能更恰当。

第十章
关于家长要了解的内容

对于这类文章,家长最好别看,除非是情感上需要宣泄、共鸣,可以看几篇,看多了除了浪费时间,还会使自己麻痹,瓦解想教育好孩子的决心。在教育孩子的路上,大部分时间都是在逆流而上,反人性而行之,其间所承受的痛苦是远超奉行快乐教育的模式的。此时的鸡汤文就好比你修行路上的魔鬼,不停地让你放弃未来不一样的人生,转身投入舒适区,像鸵鸟一样对未来的艰辛视而不见。

其次,对于网上铺天盖地的各类教辅的推荐,包括现在流行的各种App,要保持头脑冷静。不要因为身边有家长买了或推荐,你就慷慨地打开自己的钱包。首先你要弄清楚,教育大纲不是朝令夕改的,很多要考的知识点变化不大。每年的中考题具有很强的连贯性,并不会出现很大的跳跃。除了最近几年对其他素质教育方面的要求有所提高,考纲在文理科方面的变化不大,尤其是理科方面。

所以对于最近几年一些新出的教辅和相对应的学习方法,我觉得家长的态度还是要有所保留,可以多观察一下长期效果如何。虽然我对各种新的知识和方法并不排斥,但学习是一个系统的工程,中途更换系统是大忌,除非你已经确认之前所用的系统并不适合自己的孩子,想换赛道走捷径,不可否认有成功的可能,但失败的概率也是不小的。

因为相对传统的学习路径是经过很多人多年来的验证的,具有实际操作性和很高的成功概率,按照这个系统来学习,大概率会成功,其他的可能也就是昙花一现,像烟花一样,看起来漂亮,却无法持久。所以对于很多新方法,如果孩子的成绩不好,可以去尝试一下,也许会见效,如果孩子成绩还行,稳妥才是上

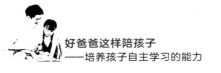

策,所以这类书建议少看。

这就是为什么我反复推荐那么几套书的原因,经过历史的淘汰留下来的才是真的有用的,把时间省下来将它们好好研究透才是正道。今天买这套教辅,明天买那套教辅,看似花了钱花了心思,其实可能也没起什么作用,最后放在书架上吃灰。

最后,由于现在大部分人的时间有限,没有多少时间一本一本地读书,所以在这种情况下尽量不要整套整套地买书回来读。在育儿的过程中,陪着孩子基本上就会耗尽你的精力,还想像有孩子前那样时间充沛地读书是不可能的了。

但我们又不可能不学习,各种育儿知识、教育方法也都是与时俱进的,没有输入哪来的输出呢?这时我们就要借助外力了。那些真正的教育专家、博主等就是我们需要花时间去关注的,虽然找到他们需要花时间,但是一旦找到,会为以后节省大量时间,因为他们为了高质量的输出,每天都会花大量时间进行输入。

这就相当于有人帮你把最费时间的阅读代劳了,你只需要学习他们的方法就好了,这就相当于站在巨人的肩膀上看世界,那些阻挡你视线的东西都可以直接避开。

这里给大家说一个小窍门,如果你碰巧关注了一位教育大V,你可以看一下他都关注了哪些教育博主,这些博主里面可能就有几个真正有料的,初期可能需要花点时间寻找,一旦找到就受益无穷。大家不要按照粉丝数量来确定这个人是不是有料,因为有些博主是不屑于做营销的,所以粉丝数量不多。

总结一下,鸡汤文不要看,教辅尽量选经典的,只看优秀博主的文章,这样才能避免无效阅读。

📖 第二十节　认知差异造成的学习差异

有很多家长很想让孩子学那些学霸的经验和方法，总觉得学霸一定有什么秘诀之类的。其实这么多年来大家对一届又一届的学霸的学习方法进行了充分的挖掘，最后发现，其实并没有什么特别高大上的理论，学霸能"碾压"同龄人的方法主要还是两点，一是通过提前学，在知识的掌握进度上赶超对方，二是坚持，通过长时间坚持做好某些事，在这些方面成为专家，也能实现"碾压"。

为什么人人都知道的方法用起来的结果却是人人都不同呢？这里主要是个体差异造成的，不仅是孩子的个体差异，家长之间也存在个体差异。对于同一个学习方法，就算是大家看到的是完全相同的字，最后在脑海中理解的意思还是会不同。因为每个家长的学历不同，社会阅历不同，个人经历不同，对同样的话的理解和认知就会不同。

这就会造成家长在实际教育孩子时，输出给孩子的做法也不同。大家注意，同样的理论经过家长的解读，还没到孩子那就已经产生不同，那么即使孩子在后面的操作完全一模一样，最后的结果也会不同。更何况孩子也会有自己的想法和认知，那就会造成最后的结果千差万别。

刚上小学，大家可能觉得孩子之间有差异、学习成绩不同还说得过去。到了初中，那些从各个小学掐尖凑成的火箭班、重点班，按理说学生的情况差不多，但在相同的老师的教授下，经过一两个学期的学习，最后也会出现比较大的差异。甚至经过中考的学生到了高中的同一个班，仍旧会出现很大的差异。

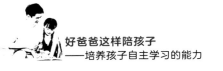

既然人与人之间的差异这么大,是不是就没有努力的必要了呢?恰恰相反,正是因为有各种主观因素造成的差异,才更有必要去努力。

对于家长来说,虽然个人认知和理解不同,但还是可以通过一些方法尽量避免扩大这种差异的。比如将指标进行分解量化,通过具体的量化指标操作来尽量减小主观感受带来的不同。

比如小学低年级的语文,汉字分为一类字和二类字,学校一般都是要求一类字会写,二类字会认就可以了。但学霸的要求是都要会写,不同的家长对这个要求的理解是不同的,有的家长认为会写拼音和笔画笔顺就算是会写了,但真正的学霸家长是这样要求的:拼音、笔画笔顺、组词、造句、同义词、反义词、多音字、一词多义都要求会写。那么两年下来,到了三年级要求一提高,差距会变很大,就算考试时分数差别不大,最后的基础也会大不同,越到高年级这种差距越明显。

但是如果大家都按照一个具体的要求来操作,比如都按照学霸家长的操作来,那大家的差别就不会太大,不同的可能是你要求的是每天5个字,他要求的是每天10个字,这个受孩子个体差异的影响,根据孩子实际接受程度来定,也不能千篇一律。

如果家长都能严格按照学霸家长的方法来执行,最后受制于孩子的个体差异而造成不同,那么,家长还是要尊重现实,不要不切实际地一味要求孩子去做到,有些时候还是要承认孩子之间是存在不同的,同样的要求,有的孩子确实可以轻松达到,而你的孩子拼尽全力才能勉强达到时,就要及时调整目标,寻找同类来比较,那些天才孩子看看就好了,你所能做的就是让孩子尽量

第十章
关于家长要了解的内容

超过在同一水平的其他孩子。就像有个笑话里说的,在森林里碰到了熊,你不必非要跑过熊,你只需要跑赢同伴就赢了。

所以,抛开个体差异不谈,要尽可能地真正理解学霸的学习方法的精髓,并且要尽量通过量化分解来操做,才可能有效果。

第二十一节　考试难度不是区分度

我们经常会听到"区分度"这个词,大家都知道字面意思是要把学生的成绩给区分开来,而且大部分的家长觉得如果一份考试试卷有难度,那这份卷子就是有"区分度"的。

其实这句话也对也不对。说它对是有道理的,因为如果试卷没有什么难度,大家的分数都一样,那不是就跟小学一样了吗?大家都是满分,怎么能分出来哪个孩子将来是学霸,哪个不是呢?说它不对也是同样的道理,如果出的题目太难,大家都不会做,都得不到分,那也没用,你还是不知道谁厉害、谁不厉害。

所以区分度并不是单纯地指难度,正常情况下,初中或高中的每次月考或联考都会对试卷的区分度有要求。对于试卷的出题人,出难题并不代表出题水平高,而出题的区分度才代表了出题人的水平。

因为每一次大型考试的试卷,针对的不是某个学校,而是至少包括某个城市或地区的大部分学校,参与考试的学生水平参差不齐,怎么把所有学生的分数拉开,而不是集中在某个分数段,这就考验出题人的水平了。

以某高中为例。有一次市内八校联考,英语出题人是一所学

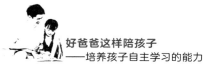

校的英语老师，那所学校的整体水平一般，但这个英语老师可能是想借着这个机会表现一下自己的出题水平，在前面的选择题出了3道非常难的题，整个年级做对的不超过5%，最后考完汇总成绩，发现英语全年级居然一个140分以上的都没有！

这意味着什么呢？意味着原本考120分左右的孩子可能还是考这个分，反正选择题一般都会错几个，但原本130多分的孩子也只能考120多分，这本来就是人员分布密集区，这下好了，又多挤进来一两百个学生。老师原本想通过联考来看一下学生的学习情况，结果都挤成一团，没有什么参考价值了。

正常情况下，每道题的年级得分率应该在60%～80%，这样分数就可以有效拉开，才能把各个梯度的学生区分开来。低于10%或高于90%的得分率都属于废题，即使题目再有特色都没用。学校老师其实比学生还要厌恶出废题的试卷，浪费一次大考的机会，数据分析没有参考价值，无法真实反映学生当前的学习状况。

所以很多家长都会听孩子说，联考出题一般都比自己学校的考试要简单，但考试成绩一出来，发现孩子考得跟平时差别不大，排名可能也变化不大，这种卷子就是区分度比较好的卷子，对老师和学校了解学生的真实情况才有参考价值。高考也是如此，真正难到让人咬牙切齿也做不出来的题目并不是很多，但要想每题都拿满分也不是那么容易，所以一汇总分数，学生成绩的梯度就出来了，孩子平时在哪个梯度基本上变化不大，还是在这个梯度范围内波动，跨越梯度的逆袭者基本上屈指可数。

那些头脑特别聪明，做难题如同玩一样的牛娃，一般都是通过自主招生、点招或直接录取进入高中或大学，直接跳过中考、高考了，所以现在中考、高考很少会出现逆天的难题，尤其是全国卷。地方卷有可能根据当地的教育水平出一些高于其他地区的难题。

所以了解了这一点，就不要指望在中考或高考上通过超难的题目来区分学生。要想真正拿高分，还是要老老实实把基础打牢，基础题不丢一分、难题尽量拿全分才是正确的策略。

第二十二节　不要向同班学霸家长请教孩子教育问题

不要试着向孩子的同班学霸家长请教如何教育孩子的问题，原因如下。

第一，你和他本质上是一种竞争关系，他想要他的孩子保持学习上的优势，你想要自己的孩子超过其他孩子，所以即使你问了，也不会得到真实的答案，最多就是被对方敷衍一下。

第二，每个学霸孩子都有自己独特的学习方法，未必适合其他孩子。

第三，这些学习方法是在平时的学习中不断总结提炼出来的，是学霸的核心竞争力，他的家长没有理由告诉你。

那要怎么来获取真正有用的学习方法呢？可以找比你家孩子高一届的学霸的家长或者是已经毕业的学霸的家长，最好是通过一些熟人关系获得有用的信息。另外，可以在网上找相应的文章来看，但是不要随便照搬，要结合你的孩子的特点，边试边改，最后变成孩子自己的核心竞争力。

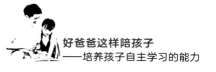

比如网上有很多关于学霸的访谈，里面也会介绍一些很好的学习方法，但你要看适不适合你的孩子。有的孩子记忆力好，有的孩子理解力强，有的喜欢理科，有的喜欢文科，所以那些学霸的好方法，如果不结合孩子自身的特点拿来就用，可能会起反作用，学霸自己也是不断总结摸索出来的，所以要理性套用学霸方法，适合孩子的才是最好的。

第十一章
无法回避的问题

第一节　家长在孩子的成长过程中该处于一种什么样的角色

家长在孩子的成长过程中到底应该处于一种什么角色呢？一种观点是家长要陪伴，要全程跟踪和监督；另一种观点就是不要管，管得太多，孩子无法成长，没有独立性。其实从孩子的角度来说，这两种都是有必要的，但是要辩证地看，下面就简单来讲一下。

首先，孩子的小学阶段，尤其是低年级阶段，这是孩子刚开始学习长跑的起步阶段。在这个阶段，大部分的孩子就像是一块空地，家长要给孩子做规划，然后量好尺寸开始"打地基"。

对于做规划，大家比较好理解，就是预计孩子在什么阶段某些能力要达到什么程度，这比较考验家长的智慧。规划做得合不合理，可能会对孩子有很大的影响。很多家长都会到网上寻求帮

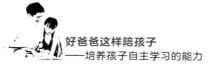

助,寻找答案。网上也确实有很多这样的专家,自己本身也是学霸,也有很多很牛的家长,他们的育儿经验备受关注。但很多家长走偏了,本来是想寻求答案的,但不自觉地拿自家孩子和那些已经成功上岸的牛娃相比。虽然有部分孩子确实是牛娃,但绝大部分的孩子还是普娃。所以,本来是抱着学知识学方法的想法的家长,却在育儿方面攀比了起来。

这就是舍本逐末了。牛娃在变成牛娃之前都是老老实实地打基础,一层楼一层楼地慢慢盖成高楼大厦。你光看见人家是100层的摩天大楼,而没看到人家的地基打得有多好有多深,自己只打了10层楼的地基,却幻想着盖成100层楼,不要说盖到100层,就是盖到20层,可能就要垮了。

所以,在小学阶段,家长要给孩子合理地规划。你如果给孩子规划了100层楼,那你就要陪着孩子一块打地基,这么大的地基孩子一个人是挖不过来的,没有家长的帮助(陪伴、监督、辅导),孩子可能刚开始就被这么大的体量给吓怕了。当然,如果你给孩子规划的是个2层小楼,那没关系,让孩子随便挖,地基打得不牢也能勉强盖起来,家长可以放养,但将来楼会不会塌,就看运气了。

在小学阶段,习惯的养成其实是非常重要的,这需要家长长期坚持督促孩子,在孩子没有养成良好的学习习惯之前,家长是不可以轻易放手的。每一种良好的习惯都是对自身天性的束缚,缺乏外界的约束,没有哪个孩子是可以自己做到的。千万不要觉得自家孩子比别人厉害,好习惯都还没有养成就敢放手,那不是爱孩子,而是害孩子。

如果从小就陪伴、监督孩子,是不是就会扼杀孩子独立生活的能力呢？其实大可不必担心，因为从孩子小时候开始，家长就应该培养孩子的各种生活习惯，而不是什么事情都是家长包办，孩子只要关心学习就行了。

大家普遍觉得现在的孩子从小被爱包围，缺乏独立生活能力，这其实也是一种刻板印象。如果让时间倒退十几年，这种情况可能是不少。但当代的家长早就已经从各种途径知道了这种情况的危害性，所以早早地就让孩子养成各种良好的生活习惯了。只要是对孩子的教育稍微上心的家长，就不会纵容孩子的各种坏习惯。

所以，在孩子的成长过程中，对于家长到底应该扮演什么角色，我的观点是，在小学阶段，家长要尽量全程陪伴，不仅要辅导、监督孩子的学习，还要培养孩子的各种学习习惯和良好的生活习惯，这其中包括生活自理能力。与此同时，还要让孩子学习各种社会经验和生活经验，在孩子具备了一定的能力后，才可以适当地放手，让孩子在可以保护自己的情况下去体验生活、体验社会。

作为未成年人的监护人，家长任何时候都不可以完全放手不管，即使孩子的学习成绩已经出类拔萃了也不行。学习上可以给予孩子充分的自主权；生活上让孩子吃好穿暖，其他方面自理。孩子虽然不是时时在身边，但孩子的情况要了如指掌。

除此之外，还要时刻关注孩子的心理变化，以前大家对这方面都不注意，现在要重点关注，毕竟这是任何人都无法逃避的一个现实。现在心理有问题的孩子占了总数的近三成，已经到了不能忽视的地步，因此，早发现早干预、避免小问题变成大问题才是家长应该做的事情，而不是选择忽略。

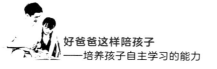

第二节　人无远虑，必有近忧

"人无远虑，必有近忧"这句话出自《论语·卫灵公》，大意就是人如果没有长远的考虑，那短期内肯定会有伤脑筋的事情。这句话非常有哲理，放在学习上也是适用的。如果家长从孩子上小学开始就没有给孩子规划好整个学习路径，那不用等到初中、高中，可能在小学就开始发愁了。

大部分的家长在孩子的教育上是走一步看一步的，很少会看得很远，因为大家都不知道自己的孩子将来能到什么层次。其实这恰恰错了，除了顶级学霸外，大部分的学霸都不是靠智商变成学霸的，因为所有人的智商都差不多，这并不构成极大的优势，学霸是通过后天的学习，加上从小养成的良好学习习惯和不断总结的学习经验，以及各种优秀的学习方法共同作用，才能成为学霸的。

学霸并不是天生的，通过研究或者了解学霸的成长路径就会发现，如果从小就按照学霸的成长路径培养自己的孩子，那孩子就要比同龄人更容易成为学霸，而不是通过幻想自己的孩子是天才，然后在成长过程中没有做相应的努力，一步步降低预期，让孩子变成普娃甚至是渣娃，最后怪自己没那个命。

所以，为了让自己在教育孩子这件事上尽量不要有太多的"近忧"，就应该尽早"远虑"。"远虑"越周密、越详尽、越有可操作性，那"近忧"就会越少，即使有也会很容易解决。

那么该如何"远虑"呢？首先还是要考虑能实现的概率。意思就是选取的远期目标应该是一个大概率能实现的目标。

举个例子，我们都知道，每年高考清北招生人数大概是6000

人,全国每年参加高考的人数大约是1000万人,那能考入清北的概率大约就是万分之六,也就是大约1万个高考生中有6个人上清北。再说具体点,比如湖北省,每年参加高考的人数大约是36万人,那清北在湖北的总的招生人数大约是200多人,算下来概率是接近万分之六。如果把初中50%的淘汰率算上,那真可以说是万里挑一了。

如果你在孩子还没上小学前就给孩子定了要上清北的目标,那意味着什么呢?意味着你的孩子至少要能稳定在万里挑一的水平。这么低的概率跟买彩票中大奖差不多。如果让孩子从小就顶着这个压力去学习,不要说"远虑"了,每天都是"近忧",那孩子注定是无法实现这个目标的。

所以做事就要靠谱,什么是靠谱?我做这件事大概率会成功才叫靠谱。那"远虑"也是一样,要选一个大概率能实现的目标才是靠谱。比如一本,全国一本的平均录取率不超过6%,这个概率努努力还是可以实现的,那就算是比较靠谱的了。

大家也不要过于纠结这个目标,因为这是为了让大家在学习的长跑中有个能实现的目标,属于保底目标。如果孩子在初中、高中的学习中逐渐显露出了学霸的天分,那么,目标是可以根据他自身的实力一步步调高的。此时目标的调整是根据实际情况来做的,属于比较靠谱的调整。

如果大家按照比较靠谱的"远虑"来做规划,那在小学、初中、高中就应该做好合理的计划,并且要搞清楚孩子在整个小学的学习过程中到底达到什么程度才算是合格。如果孩子能够完成甚至是轻松完成这个计划,那到了初中就可以试着调高目标,按照比原本计划更高一点的要求去学习。就这样,在实力超过计划

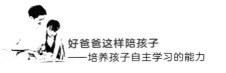

后，一步一步地调高目标，孩子才有可能达到顶级学霸的水平，此时才能考虑是不是把上清北作为孩子的目标。

所有最后考上清北的学生，没有一个是从上小学起就能百分百确定自己将来就能考上清北的，都是在学习的过程中根据自身实力的增长，慢慢调高目标考上的。

一个靠谱的"远虑"才能解决"近忧"，否则每天都会在达不到目标的焦虑中度过，这对家长和孩子都是巨大的折磨。

所以，人有靠谱的"远虑"，则无"近忧"。

第三节　人对未来的焦虑有两种

人对未来感到焦虑，主要有两种情况：一种是对已知的知识产生的焦虑，另一种就是对未知的知识产生的焦虑。

对于已知的知识产生的焦虑都有办法去克服，因为已知意味着有前人的经验铺垫，我们只需要借鉴就可以预知未来结果如何，所以即使对未来的预期结果产生焦虑，还是能够想办法去克服。

比如孩子最近比较急躁、状态不好，做事总是丢三落四，那可以预见在期末考试中，孩子八成是要考不好了，为此大部分家长也会焦虑。这种情况是很常见的，家长也有各种方法来解决这个问题。当这个问题解决后，孩子的成绩肯定会恢复正常，那家长就不必为此事焦虑了。

但对于未知的焦虑就比较难以把握了。虽然有"无知者无畏"这句话，意思是不知道的人不害怕，但焦虑还是少不了的。

比如中考要加音乐、美术之类的考试，就让大家非常焦虑，

第十一章
无法回避的问题

因为所有的家长都没有这种经验。那该如何来克服这个焦虑呢？最好的办法就是提前做好充足的准备，不管它考不考，我都备着。虽然又会浪费孩子更多的时间，但艺多不压身，手中有粮，心中不慌，而且焦虑感会减轻很多。

但也有不好的地方，比如，如果到孩子中考时还没考，那孩子浪费的时间和金钱也会让人焦虑。这也很难办。

现在的家长为什么会容易陷入焦虑状态呢？是因为家长的学历不高，育儿知识少吗？不是的，其实现在的家长大部分都是高学历、高智商的人，整天都在网上寻找各种育儿知识、经验。

按理说都这么有经验了，怎么还会焦虑呢？其实主要是由以下几个方面造成的。

第一，大部分家长都是头一次带孩子，都想把最好的给孩子，都希望自家孩子从小就显示出超凡脱俗的能力，最好是比其他的孩子都厉害。但现实是自家孩子跟其他孩子相比，好像也没什么特别优秀的地方，而且很多地方还不如别人家的孩子。

这时家长就开始焦虑了，尤其是妈妈们，总是想办法让孩子不落后于人。一旦发现某某孩子之前不如自家孩子，现在在某方面比自家孩子厉害多了，那种失落感比炒股亏了钱还要难受。

第二，从网上获取的信息太多，自己也不能分辨到底哪种方法好，结果造成选择困难。因为自家孩子毕竟不是商品，没有试用期，也不可能退货，一旦方法选错，这期间浪费的时间，以及对孩子的成绩的影响，是各位家长承担不起的。所以选择焦虑就产生了。

第三，家长平时对孩子的教育不太操心，但突然发现孩子的成绩比别人要差一大截，感觉再不管管孩子的话，孩子大概率要

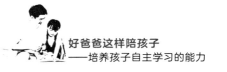

沦为差生了。由于平时对教育不太上心，等到想要教育孩子时，发现不知道该怎么来教孩子，两眼一抹黑，结果就焦虑了。

第四，家长对自己本身的现状不满意，却对孩子有着不切实际的想法，希望通过孩子来实现自己未竟的目标。于是每天拼命教育孩子，超过了孩子正常的承受范围。孩子达不到自己的期望，这时焦虑就产生了。

第五，看着孩子同学的家长或群里大家一起报班、买资料，自己没办法只能跟风，不跟似乎就不合群、不正确，就要掉队，然后就焦虑。

其实有时候，焦虑也不全是坏事。在某些方面，适当的焦虑会让自己尽早发现一些问题，然后想办法去避免。当然，大部分的焦虑还是要想办法去化解的，要不然时间拖久了，焦虑变抑郁就麻烦了。

根据上面几种情况的焦虑，我提供一些解决的办法，虽然不一定全面，但多少都会有效。

针对第一种，首先要面对现实，承认自家孩子是普娃，降低预期，摆正心态，不要好高骛远。这样你才能正确认识自家孩子是一个什么水平，然后针对这个水平制定出相应的学习规划，先从基础打起，辅以正确的学习习惯，一步一个脚印，孩子达到一个级别再规划如何提升级别。这样从低到高，慢慢打怪升级，不仅家长和孩子都有成就感，而且孩子也会越来越有信心。孩子越来越好，家长还会焦虑吗？

针对第二种，要尽量过滤掉和你情况差不多的人给你的建议，因为大家都没有经验，都在同一起跑线上，方法正不正确也没有时间来检验。要尽量找那些有干货、有成功育儿经验的博主，甚至是知名的教育界的专家，他们才是真正能帮到你的人。屏蔽掉了无用的信息后，你就知道该如何做了，此时焦虑自然就消失了。

针对第三种，方法同第二种，只不过方向刚好相反，请教找到正确方法的人，请真正的专家出主意，那自然不必焦虑了。

针对第四种，方法类似于第一种，降低标准，正确认识自家孩子的真实情况，然后有针对性地调整教育孩子的方式，孩子在正确的激励下才能有机会超越父母。但各位家长也要做好心理准备，现有的教育资源是有限的，90%的孩子是没机会超越父母的，这不是孩子不努力，而是每年顶尖学校的招生数量就那么多，挤不进去的孩子只能退而求其次。家长如果明白了这个概率，也就没什么好焦虑的了。

针对第五种，记住一句话，人多的地方不要去。因为真理是掌握在少数人手里的，从众是没有好处的。"人多好种田，人少好过年。"琢磨清楚了这句话，焦虑自然消失。

第四节　如何从根本上消除焦虑

大家每天都说要教育孩子，要注意孩子的身心健康，但其实大家还忽视了一个教育孩子的广大群体——妈妈们。可以说，在教育孩子的路上，妈妈们也是跟着承受了巨大的压力，除了孩子的学习成绩，孩子的饮食起居、生活习惯、兴趣爱好、体育锻炼、每日陪读都是要操心的事，大部分妈妈白天还要忙工作挣钱，可以说基本上被榨干了所有的时间。

如果孩子的学习成绩好，那还算不错，至少辛苦付出还有所

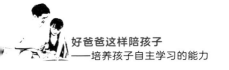

回报。如果孩子的学习成绩不好，每到大考过后，那真是分分钟焦虑症爆发。这里虽然有点夸张，焦虑症、抑郁症、拖延症属于心理疾病的三种主要症状，大部分家长还没到这种程度，但焦虑情绪大家还是会经常出现的，也很正常。

焦虑情绪属于一种负面情绪，最好能及时化解，否则时间长了可能会转为焦虑症的。那么该如何化解焦虑情绪呢？

首先，大部分家长产生焦虑的原因有两个：一个是对未来的未知（或不确定性）产生焦虑；另一个就是因为对现状的不满而对未来可能产生的后果（对未来的已知）产生焦虑。

既然已经知道了焦虑产生的原因，那我们就比较好解决了。

对于第一种情况，就是想办法把未知变成已知。具体的办法就是立足现在，然后对未来进行合理的规划。

对于第二种情况，主要是那些学习成绩不太好或不稳定的孩子的父母。他们产生焦虑的主要原因是无法接受自己孩子是个普通孩子的事实，然后想当然地定一些孩子无论怎么努力都无法实现的目标。这种理想和现实的差距必然让家长和孩子都产生深深的挫败感，再加上家长的眼睛就只盯着高考一条路，所以就会对未来产生强烈的焦虑感和恐惧感。

在心理学上有种认知疗法，针对这种情况的具体做法就是不断地向自己提问，然后在问题的最后加上一句话：就算是这样，那又怎么样？一直问到觉得自己的想法很荒谬为止。

举个简单的例子，有的家长觉得孩子考不上大学，他的整个人生就完了，越想越焦虑。这时就可以对家长提问，考不上大学，孩子的人生就完了，就算是这样，那又怎么样？现在考不上大学的学生也很多，除了上大学，还有很多工作可以做。

家长会觉得孩子没上大学的话，干的都是又苦又累的活。这时可以提问：就算是这样，那又怎么样？现在什么工作不苦不累？又有几个大学生出来可以躺着赚钱呢？

总之，就是通过不断提问来扭转家长的不合理认知，同时要接受自己的孩子就是普通人的事实，普通人有普通人的活法，车到山前必有路，船到桥头自然直。这样自然就可以消除焦虑，重新切合实际地规划孩子的未来。

我的观点就是，家长做好孩子的陪伴者和领路人，在孩子的成长过程中尽力就好，至于结局如何，其实大部分家长是很难掌控的，做到问心无愧就够了。

第五节　原生家庭对孩子的影响（一）

有位初二学生的妈妈跟我说，她的孩子现在非常不听话，成绩也比刚上初中时下降了不少，由原来的班上二十多名变成了倒数第八，问我该怎么办。这位妈妈是当地有名中学的英语老师，带重点班，教学生也很厉害，自己很优秀，孩子也在这个学校。这位妈妈的父亲也是老师，虽然教小学，但数学、物理、化学也很厉害。

其实很多当老师的家长都有一个误区，觉得自己就是搞教育的，怎么可能教不好自己的孩子呢？其实给孩子教授课堂知识和给孩子进行家庭教育是两个不同的教育方向，但很多当老师的家长会混淆这个概念。在学校你是老师，但回到了家里，你就是家长，如果这个角色没有转换，则很难教育好孩子。在学校里可以采用灌输的方式教孩子，但回到家里还是这样的话，孩子未必吃

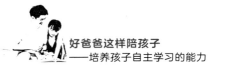

这套。所以70%的老师教不好自己的孩子，原因就在这里。

还是说回刚才的案例，这位妈妈的父母属于非常强势的类型，从小对她实行的是打压教育，从来不夸孩子优秀，在他们眼里孩子只有缺点，然后把孩子批评得体无完肤。不得不承认，这种教育方式在这位妈妈身上获得了成功，这让这对老人自信心爆棚，觉得就应该继续用这种方法来教育外孙。在小学期间，孩子被压着还能奏效，现在孩子青春期了，不愿忍受了，便开始反抗了，只要是家长说的，他一概不听，家庭教育没法继续了。

还要补充一点，由于两家住得很近，孩子每天都回外婆家吃饭，但每天吃饭时外婆就会开始说孩子、说妈妈，整个用餐过程就是在责备声中度过的。妈妈也曾想反抗，想拿回教育孩子的权利，但几次都失败了，现在属于无力状态，父母不让管，孩子也不服管。

其实这种教育方式从孩子的妈妈开始就是失败的，虽然妈妈在好单位，自己能力也不错，但仅限于此。她除了在学校给学生上课，在家里完全没有主见，长期的打压式教育，让这位妈妈在父母面前非常没有自信，总是被数落和责骂，即使成年后有了孩子，还要被这样对待。虽然这位妈妈很讨厌父母的这种教育方式，但最后自己在教育孩子时采用了简单粗暴的方法，依然走的是自己父母的错误教育路线。

即使你在孩子读小学期间管得比较狠，等孩子到了初中青春期，也要开始把孩子当大人看，平等对待，换位思考。针对这个案例，如果这位妈妈不能把父母对自己和孩子的负面影响消除，那在教育孩子方面是很难有改变的，外公、外婆和妈妈对孩子的负面情绪会直接导致孩子的对抗情绪放大，目前由于孩子爸爸对孩子教育的介入相对较少（忙工作），所以孩子和爸爸的对抗情绪较少。

解决办法如下。

第一，问题最大的是外婆，而且从了解到的情况来看，外婆对所有家人关系的认知是错的，需要纠正。

第二，外公、外婆要和小家庭保持一定距离，尽可能不要去干扰小家庭的生活。任何事如果小家庭不求助，就不要介入，自己去找点其他事情做，把注意力从小家庭中脱离出来，过自己的生活。

第三，妈妈也要纠正自己教育孩子的方式，具体可以看本章第七节"对抗情绪对学习的影响"，文中有方法介绍。

第四，目前由于老师和家长对孩子的说教，孩子非常抗拒，可以让心理医生对孩子进行疏导，扭转孩子的认知，降低孩子和家长、老师的对抗情绪，但要真正化解还是要参照第三点，家长要努力。

第五，家长应当把上述情绪上的问题解决了，再来谈学习成绩的提高。

第六，家长要有底线思维，对孩子妥协退让也不是无限度依着孩子的性子来。比如看手机、玩游戏、看网络小说等方面都不能轻易妥协，其他可以给孩子一定的自由，不要限制得太死。

以上如果能尽快解决，孩子才有可能在学习上花时间、精力来提高，否则都在内耗，学习上是很难把成绩提高的。另外，初三一年时间可能不够，也不要想着成绩能有多大的进步。

总之，一个原生家庭对孩子的影响非常深远，甚至还会延续到下一代。

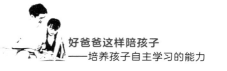

第六节　原生家庭对孩子的影响（二）

现在的家长太不容易了，平时要养家糊口，工作占据了大半的时间，每天能见到孩子一面都是奢侈，就更别提在家陪孩子学习了。而孩子仅靠学校的教育和自主学习肯定是不够的，就算孩子很聪明，也比不过那些每天有家长陪伴，有科学的规划、合理的计划的孩子们。

在小学阶段看不出来差别，牛娃和普娃也许总分也差不了几分，但到了初中很快就可见分晓，那些学习习惯好的牛娃就会逐渐拉开和普娃的距离，成绩上可以轻松拉开几十分的差距，甚至上百分。

处在顶级学霸位置（排名前1%）的牛娃甚至都能甩开一般学霸（排名前10%）至少20分。这种情况到了高中更加明显，顶级学霸随随便便都能甩考985的孩子50分。

原生家庭的条件基本上从小学开始就决定了孩子将来要走的路。9年后差别越来越大，以湖北省为例，一半的人上不了高中，而普通高中的学生上大学的概率虽然高，但要想上985、211，估计只有前1%的人有希望，省重点高中的学生能上211的大约只有50%，15%的人能上985，不到1%的人能上清北。

很多人认为985、211很容易考上，这其实是一种错觉，是由于幸存者偏差，去掉了一半的没上高中的，再去掉80%的普高学生，大家的眼睛都盯着重点高中的各项高考数据。这就让大家眼里只看到有50%的人能考上985、211，如果孩子没考上985、211，就觉得孩子没努力。

其实很多孩子也非常努力，只是前面还有很多更加优秀的孩子无法超越，他们头脑聪明，学习习惯好，有更科学的学习方法。家长除了要提供优秀的基因，还要有长达12年的付出，借鉴顶级学霸前辈们的优秀经验，再加上孩子自己的刻苦努力，保证成长过程中不能出现失误，跨越了如此高的门槛，才有可能造就出顶级的牛娃。

话又说回来，如果所有条件你都具备，唯独缺少时间陪伴，造成孩子将来与大学无缘，这种损失你能承担得起吗？孩子能承受得起吗？

第七节　对抗情绪对学习的影响

大部分孩子的智商相差不大，在高中，除了在五大学科竞赛中获奖的孩子和省重点中学中排名前10%的孩子，其他的孩子从聪明程度上来说，没有什么差别，但为什么学习成绩有天壤之别呢？

这里又要说到学习习惯和学习方法了，虽然好的学习习惯和学习方法确实能提高成绩，但这也只是表象，因为绝大部分的学习习惯和学习方法都是公开的，大家基本上都知道，没什么秘密可言。

但是到了每个孩子身上，却呈现出很多不同的结果。为什么会这样呢？主要原因出在家庭方面。

家长在教育孩子的过程中，很多时候并没有从孩子的角度考虑问题，而是仅仅从学习的角度或者家长自己的角度来要求孩子，这就会和孩子的诉求产生矛盾，因此很多孩子和家长的对抗情绪就产生了。当然，也不是说孩子的诉求就一定正确，或者说

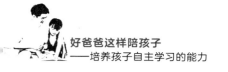

家长的要求就一定合理。总之，对抗情绪一旦产生，如果不能及时化解，就会对孩子以后的学习生涯产生很大的影响。

在孩子小的时候，这种对抗情绪产生时，家长一般采用哄或者压制的方式。一般情况下，这些方式都是有效的，家长大部分时间都是可以按照自己的意愿来要孩子照做。虽然表面上看，事情是解决了，但从深层次来看，孩子的对抗情绪并没有消除，只是由于双方实力差距太大而被压制了。

从长远角度来看，这样压制的后果一般就是两种：一种是孩子放弃对抗，任由父母做主，孩子没有自己的主见，父母推着走就走，或者说一切都以父母的意愿为主，在学习上做的所有的努力都是为了父母，不知道自己要什么，也就是现在常说的"空心化"，没有自我；另一种就是孩子虽然暂时妥协，但内心深处还是处于对抗状态，一旦进入青春期，孩子开始有自己的想法了，并且不愿意妥协了，那么继续压制就会导致对抗情绪爆发，结果就是孩子不服管。

在教育孩子的过程中，总会不可避免地产生对抗情绪，一旦出现这种情况，家长就要想办法去化解对抗情绪，尽量让孩子避免带着这种负面情绪去学习。

那么该如何来化解对抗情绪呢？

其实解决起来也很简单，就是要尽量避免和孩子站在不同的立场，因为在教育孩子的过程中，家长和孩子并不是对立的，其实双方的目标是一致的，之所以会出现对抗情绪，大部分都是因为沟通方法不对。

那到底该如何和孩子沟通呢？其实也很简单，大家可以把握以下几个原则。

第一，互相尊重，平等对待，大人要尊重孩子，孩子也要尊重大人（家长从小就要教育好）。

第二，换位思考（特别重要）。

第三，尽量少用命令的语气。

把这三点做到了，那一般来说，亲子沟通就会比较顺畅，孩子的对抗情绪也会相对减少。大家立场相同，出发点一致，这样孩子就会愿意学、自主学，也比较容易养成好的学习习惯，自然成绩就比同龄人要好，各方面都会更加优秀。没有了对抗情绪，整个家庭的内耗就会很小，大家共同努力，孩子就比较容易成功，家长也会变得轻松。这也许就是某些家长说的"从来没管过孩子，但孩子就是优秀"的真实写照吧！

第八节　谈一谈关于孩子们的心理方面的话题

现在的家长都知道要教育孩子，但大多数家长都停留在学习层面或者知识层面，很少有家长真正关心孩子的心理健康。心理方面的事情，绝大多数都是看不见摸不着的，如果家长没有特别关注孩子的一举一动，也很难去感受到孩子有什么问题。

现在大家经常会听到有孩子自杀的新闻，感觉比以前要频繁得多，所以这也从另一个方面说明了现在的孩子心理上或多或少会有一些问题。

家长要注意方式方法，对于低年级的孩子，还是以兴趣为主来教育孩子。对于孩子不感兴趣的科目，不要逼着孩子去学，要先想办法找到孩子感兴趣的点，通过这个兴趣点来慢慢引入相应的内容。如果孩子被迫接受，心中难免有怨气，有些孩子可能通

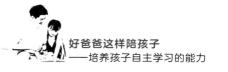

过发脾气来释放不满情绪，有些孩子可能会选择默默接受，压抑自己的怨气。

孩子的怨气有地方发泄，所以在心里不会造成太大的影响。反而那些闷不作声的孩子，长期压抑自己，会在心理上产生一些不良情绪。由于家长比较强势，对孩子的一些异常行为觉察不到，或者觉察到了也觉得孩子就是有点性格孤僻，可能会错过最佳的干预期。孩子如果长期处于这种状态，轻者出现心理问题，比如抑郁情绪，重者可能会造成精神异常或重度抑郁症等严重精神疾病。

这不是小事，绝大多数家长却不是很重视，有些甚至忌讳这类疾病，宁可让孩子在家待着，也不愿意送孩子去医院治疗，结果错过治疗，造成各种遗憾，最后悔不当初。

前段时间我看到某心理医生写的一篇文章，文章里说有的孩子在初中或高中就出现心理问题，但为了高考一直拖着。他们考进大学后，心理压力更大，又没法疏解，最后出现严重心理问题，无法继续完成学业。

避免孩子出现心理健康问题，一个最简单有效的办法就是运动。现在国家从小学开始就加大了对体育的要求，甚至中考中体育也是大幅加码，尽管此举遭到大部分家长的反对，但我觉得从心理健康的角度来说还是非常有必要的。体育锻炼不仅能强身健体，也能保证学生心理健康，一举两得，非常明智。

适量的运动能促进大脑分泌多巴胺，这是人体快乐的源泉，能让人保持心情愉悦，也能缓解长时间学习造成的大脑疲劳。

对于上初中或高中的孩子，家长除了要每天关心孩子的学习，还要经常和孩子沟通、谈心，要适当给孩子减减压，排解孩子心中的苦闷，不要让孩子变成学习的机器，除了学习什么都不会。

现在的孩子和当年的我们在很多方面是不一样的。

第一，兄弟姐妹少，家里几个大人、老人都围着孩子转。这就造成孩子比较自我，不太能从别人的角度考虑问题，进入学校参加集体生活后，发现大家都一样，自我的优越感消失，容易失落、郁闷，感到不适应。

第二，现在网络发达，电子产品种类多，孩子放假后，一有了时间，大都喜欢泡在网上，与人面对面交流的机会减少，反而在虚拟世界活得很开心，到了现实世界容易出现社交障碍和社交恐惧，性格孤僻，封闭自我。

第三，现在竞争激烈，内卷严重，孩子的竞争压力非常大。如果孩子的精神高度紧张，容易焦虑、郁闷。如果压力得不到舒缓，孩子就比较容易得抑郁症。

第四，家庭环境不友好，比如父母关系不好，家中经常有吵架、打架的情况，或父母为生活所迫，没时间陪伴孩子，父母对孩子关心不够，孩子感觉不到家的温暖。

所以，心理健康其实是非常重要的，家长一定要重视。除了让孩子学习好、身体健康，还要让孩子有健康的心理素质。

最后，如果感觉孩子的心理状况不好，千万不要犹豫，第一时间带孩子去看心理医生。心理疾病越早干预治疗，效果越好，相反越拖越严重，也就越难治。